杜甫传

冯至 著

四川文艺出版社

只 为 优 质 阅 读

序

好读文化即将重版冯至先生的《杜甫传》，来信请我作序。作为热爱杜甫的后学，我有机会为前辈学者的名著作序，深感荣幸。

杜甫是中国文学史上伟大的诗人，已成公论。翻开任何一本后人编选的唐诗选本或古代诗歌选本，杜甫的作品肯定赫然在目。但如果想全面阅读杜诗，一定要注意杜诗有一个最大的特点，就是严格的写实性。杜诗向称“诗史”，它是唐帝国在“安史之乱”前后由盛转衰的历史进程的全景式图卷，是那个风雨飘摇的时代在诗人内心所激起的巨大情感波澜的忠实记录。杜诗对诗人自身的生命进程也具有纪实的性质，举凡他的行踪、交游、生活、仕历，都可在杜诗中找到相当细致的叙述。所以，我们读杜诗时绝对不能像西方的“新批评”派所主张的那样，完全抛开诗人的生平及其时代背景，而只对作品文本进行解读。我们应该结合杜甫的生平、结合唐代的历史实际来读杜诗，只有这样才能对其内涵有较准确的理解。从宋代开始，学者便对杜甫的生平事迹及杜诗的写作背景进行不懈的研究。“千家注杜”的各种注本中，杜诗的编年是最重要的内容。关于杜甫的研究著作中，年谱、传记类著作占有极大的比重，而杜甫传记则更加受到读者的欢迎。现代人撰写的杜甫传记为数甚多，其中不乏名作。但是多数著作或篇幅过繁，或内容过深，不太适合非专业的普通读者。冯至先生的《杜甫传》则是其中的佼佼者，它的篇幅较为简短，内容则深入浅出，便于普通读者阅读。而且正如冯先生自述：“作者写这部传记，力求每句话都有它的根据，不违背历史。由于史料的缺乏，空白的地方只好任它空白，不敢用个人的想象加以渲染。关于一些个别问题，有的采用了过去的和现代的杜甫研究者所下的结论，有的是作者自己给以初步的分析或解决。为了使读者不被烦琐的考证和论据所累，不曾把问题解决的过程写在里边，附注也尽量减少。”我曾多次细读此书，我觉得冯先生完全实现了他的自定凡例，我还认为这是当代学者撰写普及读物的最佳态度与方法。所以我建议读者朋友在开始全面阅读杜诗之前，最好先读冯至先生的《杜甫传》。

此外，即使读者朋友尚未决定要全面阅读杜诗，冯著《杜甫传》也是一本很好的普及读物。杜甫是中国历史上伟大的诗人，他在中国诗歌史上的典范地位是宋代的诗人与学者共同确立的。宋人选择杜甫为典范，最初的原因当然是对杜诗在艺术上千锤百炼、炉火纯青的杰出成就的充分理解，但是更重要的原因则是对杜甫崇高伟岸的人格境界的高度肯定。北宋著名政治家王安石题杜甫画像说：“所以见公像，再拜涕泗流。推公之心古亦少，愿起公死从之游！”南宋爱国诗人陆游则在《读杜诗》中说：“看渠胸次隘宇宙，惜哉千万不一施。空回英概入笔墨，生民清庙非唐诗。向令天开太宗业，马周遇合非公谁？后世但作诗人看，使我抚几空嗟咨！”到了南宋理学宗师朱熹，则从更明晰的理论角度对杜甫的人格意义提出了崇高的评价，他将杜甫与诸葛亮、颜真卿、韩愈和范仲淹并称为“五君子”，他说：“此五君子，其所遭不同，所立亦异，然求其心，则皆所谓光明正大，疏畅洞达，磊磊落落而不可掩者也。其见于功业文章，下至字画之微，盖可以望之而得其为人。”这说明在宋人的眼光中，杜甫的意义决非局限于文学领域，他的光辉已经照耀到整个中华文化史，从而对后人起着人格典范的作用。后人向他献上“诗圣”的桂冠，原因便在于此。闻一多先生称杜甫是“四千年文化中最庄严、最瑰丽、最永久的一道光彩”，原因也在于此。所以杜甫是中华文化所陶铸的杰出历史人物，他的身上反映着中华传统文化的夺目光辉。我们要想深入理解中华传统文化的精神实质，要想听到动人的中国故事，阅读杜甫传记便是很好的选择。

一部优秀的传记作品，其必要条件是作者的学养见识与文字功底。冯至先生在这些方面都具有优势，他既是学贯中西的优秀学者，又是成就卓著的杰出诗人。这些情况人所共知，不用多说。我想稍作申述的是优秀传记作品的另一重要条件，就是作者对传主具有深刻理解与深厚同情。法国的罗曼·罗兰是世界闻名的传记作家，他的《名人传》分别记叙了德国音乐家贝多芬，意大利美术家米开朗琪罗和俄国文学家托尔斯泰的生平事迹，展现了三位传主为追求真善美而历经苦难不改初衷的心路历程。《名人传》感动了千百万读者，其主要原因是作者先受到三位传主的强烈感动，故落笔之际皆带感情。冯至先生撰写《杜甫传》，也有同样的感情基础。杜诗是产生于艰难时世的一代史诗，是“赋到沧桑句便工”的创作范例，它格外能感动身经磨难的后代读者。北宋靖康之乱后，爱国名臣李纲在《重校正杜子美集序》中说：“平时读之，未见其工。迨亲更兵火丧乱之后，诵其诗如出乎其时，犁然有当于人心。”匆匆南奔的诗人陈与义则在逃难途中诉说：“但恨平生意，轻了少陵诗。”南宋亡后，流落北方的汪元量在《草地寒甚毡帐中读杜诗》中说：“少年读杜诗，颇厌其枯槁。斯时熟读之，始知句句好。”身陷大都牢狱的文天祥则作《集杜诗》二百首，且在自序中称：“凡吾意所欲言者，子美先为代言之。……予所集杜诗，自予颠沛以来，世变人事，概见于此矣。”冯至先生也是如此，1938年他因日寇侵略而逃往昆明，途中作诗说：“携妻抱女流离日，始信少陵字字真！”他在西南联大时作《杜甫和我们的时代》说：“觉得杜甫不只是唐代人民的喉舌，并且好像也是我们现代人民的喉舌。”《杜甫传》虽然动笔于1951年，但他对杜甫的热爱之情依然流淌在字里行间。我相信广大读者朋友阅读《杜甫传》时一定会受到冯至先生的感染，从而更加热爱杜甫。认真阅读《杜甫传》后，你就会知道杜甫确实配得上后代读者献上的万瓣心香！

莫砺锋

2024年8月3日

于南京美林东苑寓所

目录

重版说明

近年来，有几位关心《杜甫传》的同志劝我把这部传记增补得更充实一些，重新出版。我自1962年在纪念杜甫诞生1250周年时写了几篇有关杜甫的文章以后，没有继续研究杜甫。没有新的研究，很难增补旧的著作，只能做些文字上的修改。为了不辜负同志们的期望，我把1962年写的三篇文章作为附录印在《杜甫传》的后边，以弥补它的不足。因为《杜甫传》主要是叙述杜甫的生平，而杜诗则谈得很不够，这三篇文章虽然也涉及诗人的生活，却更多是评论杜诗。文章与传记，难免有重复的地方，但二者相隔十年，有的观点也会有些变化，彼此不完全一致。可是总的说来，我对于杜甫与杜诗的评价没有什么改变。

另外，我在1962年还写过一篇以杜甫与苏涣的交往为题材的小说《白发生黑丝》。那时，《人民文学》编辑部约我写关于杜甫的文章，我想，《人民文学》以发表创作为主，于是写了这篇小说给它。用意是要说明杜甫在贫病交加的晚年，能欣赏苏涣那样的人物，可见他晚年的精神状态并不像有些人所认为的那样衰颓。传记尊重事实，小说依靠想象，但这里的想象还是以杜甫的诗篇为根据的。现在我把这篇小说也收在书中作为“附录二”。这样做，在书的体例上似乎不伦不类，并且与《杜甫传·前记》中所提出的要求大相径庭，但用另一种文笔，从另一个角度，来表达我对于杜甫的某些看法，也不是没有意义的。

1979年5月5日

前记

这部传记的目的是要把我们祖国第八世纪一个伟大的诗人介绍给读者，让他和我们接近，让我们认识他在他的时代里是怎样生活、怎样奋斗、怎样发展、怎样创作，并且在他的作品里反映了些什么事物。

作者写这部传记，力求每句话都有它的根据，不违背历史。由于史料的缺乏，空白的地方只好任它空白，不敢用个人的想象加以渲染。关于一些个别问题，有的采用了过去的和现代的杜甫研究者所下的结论，有的是作者自己给以初步的分析或解决。为了使读者不被烦琐的考证和论据所累，不曾把问题解决的过程写在里边，附注也尽量减少。作者使用的杜集，主要是仇兆鳌的《杜少陵集详注》；仇氏注杜，虽然有许多牵强迂阔的地方，但他丰富地搜集了十七世纪以前关于杜诗的评论和注释，给作者许多方便。

这部传记在1951年1月到6月的《新观察》上连续发表时，有不少读者对它表示关怀，提出宝贵的意见，后来还有人写了评论。这给作者很大的鼓励，如今印成单行本，作者要向他们说出衷心的感谢，并且参酌那些意见和评论作了必要的修改和补充。但是限于学力，必定有许多使人感到缺陷的地方，希望此后能得到更多的指正和批评。

1952年7月15日

家世与出身

杜甫是我国历史上有数的几个伟大的诗人里的一个，由于他对祖国与对人民的热爱，写出许多反映与批判现实的、不朽的诗篇。在过去，无论在多么黑暗的统治下，这些诗都不曾停止放射它们的光芒；如今，人民获得了政权，祖国的前途呈现出无限光辉的美景，更没有任何事物遮蔽它们的光芒的放射了。杜甫出生在一个属于封建社会统治阶级的家庭里。他怎样从炫耀自己的家族转到爱祖国，从抒写个人的情感转到反映人民的生活；他怎样超越了他的阶级的局限，体验到被统治、被剥削的人民的灾难，并因此使唐代的诗歌得到巨大的发展，这中间他经过了不少艰苦的过程和矛盾。这部传记要试验着述说他在他的生活里经历的那些过程和矛盾。在写他的生活之前，研究一下他的家世和出身是必要的。

杜甫是晋代名将杜预（222—285）的第十三代孙。杜预是京兆杜陵人。杜预的少子杜耽为晋凉州（甘肃武威）刺史，杜耽孙杜逊在东晋初年南迁到了襄阳，任魏兴（陕西安康西北）太守，他是襄阳杜氏的始祖。逊子乾光的玄孙杜叔毗为北周硖州（湖北宜昌西北）刺史。叔毗子鱼石在隋时为获嘉（在河南省）县令。鱼石生依艺，为巩县令，迁居河南巩县。依艺生审言，为膳部员外郎；审言生闲，为奉天（陕西乾县）县令，是杜甫的父亲。[1]杜甫的远祖是京兆杜陵人，所以他自称“京兆杜甫”；他又属于襄阳杜氏的支派，所以史书上说他是襄州襄阳人；他降生的地点则在河南巩县。

杜甫在他给他第二个姑母写的墓志铭里提到他的家世：“远自周室，迄于圣代（唐代），传之以仁义礼智信，列之以公侯伯子男。”他在《进雕赋表》里也说，他的祖先自从杜预以来，就是“奉儒守官，未坠素业”。我们读了这两句话，再看一看前边的那串世系，他的祖先多半充当过太守、刺史、县令一类的官吏，我们便不难看出，杜甫是出身于一个有悠久传统的官僚家庭。这样的家庭有田产不必纳租税，丁男也不必服兵役，在社会里享有许多封建特权。它和名门士族通婚姻，遵守儒家的礼教，专门辅助帝王，统治人民。到了杜甫降生后，他家庭的声势已经不如往日煊耀，渐渐衰落下来，但是元旦聚会，仍然被乡党赞羡，每逢婚丧，远近的亲友都走来观礼。由此我们可以理解杜甫庸俗的一方面，他中年时期在长安那样积极地营谋官职，不惜向任何一个当权者寻求援引，这和他家庭的传统是分不开的。

1　这世系是参考《元和姓纂》和岑仲勉的《校记》排列的，有几处纠正并补充了一般杜集中杜氏世系表的错误和缺陷。

此外他从他的祖先那里还承袭了些什么呢？下边我们做进一步的分析。

杜甫在他的诗里常常推崇杜预和杜审言，前者由于他的事业，后者由于他的诗。杜预多才善战，被人称作“杜武库”，对东吴作战时，因为精通战略，在民间引起“以计代战一当万”的歌谣，随后中原的文化传布江汉，他也起了一定的作用。他懂得法律、经济、天算、工程，又是《左传》的研究者。他的后代，人人都为了是他的子孙感到光荣。他是杜甫的一个理想的人物。741年（开元二十九年），杜甫曾经在杜预坟墓的所在地首阳山下居住，写过一篇《祭远祖当阳君文》。他晚年漂流荆楚，也时常想到杜预：他在荆南颂扬卫伯玉，说伯玉镇守荆州，是继承杜预的事业；后来他在衡州想北去襄阳，也立即想到“吾家碑不昧”。这指的是：杜预当时被名誉心所驱使，立了记载自己功勋的两块石碑，“一沉万山之下，一立岘山之上”。

至于杜审言（约645—708），则在杜氏家中除去“奉儒守官”外又添上一个新的传统：诗。杜审言少年时，与李峤、崔融、苏味道共同被人称为“文章四友”。他的诗的地位，与较晚的宋之问、沈佺期齐名，因为他们是五言律诗形式的奠定者。齐梁以来，诗人脱离现实，崇尚形式，钻研格律，到初唐时律诗已经形成，此外宫廷应制，向统治者歌功颂德，更给这种诗体以发展的机会。可是沈宋的律诗长不过六韵八韵，很少到十韵以上的，而杜审言的《和李大夫嗣真》就长到四十韵，当时称为名作。排律到了杜甫手里，得到更大的发展，元稹曾经这样称赞杜甫的排律：“铺陈终始，排比声韵，大或千言，次犹数百。”我们现在看来，杜甫伟大的意义绝不在于排律的成功，排律在杜诗里反而属于创造性比较贫乏的部分；但是这种诗对于杜甫却是家学渊源，关于这一点，从北宋起就不断有人提及。杜甫本人也以“吾祖诗冠古”自傲，并且在他的儿子宗武生日时他也谆谆告诫：“诗是吾家事。”

宋之问和沈佺期都是“回忌声病、约句准篇”、崇尚形式的诗人，同时也是武后的弄臣，他们依附张易之兄弟，醉心利禄，谄媚无耻。杜审言虽然没有多少恶劣的行为，但从他在武后面前高诵《欢喜诗》以及与张易之兄弟相勾结看来，也不能算是一个具有高尚品质的诗人。并且他自高自大，夸张甚于实质，当时就流传着许多关于他的傲慢的言行；他自己常说，他的文章超过屈原、宋玉，他的书法胜过王羲之。这种夸大的性格，杜甫多少受了他的影响。杜甫壮年时，在政治上自比稷契，想致君尧舜，在文学上他把屈原、贾谊、曹植、刘桢都不看在眼里，这种高自称许固然是唐代一般文人的习气，也不能不说是有些祖父的遗风。

在当时，家族观念支配人们的一切行动，若是有人为了父兄的不幸，不惜任何牺牲来报仇雪恨，便被称颂为崇高的德行。杜甫的父系中也不缺乏这样的人。杜审言的曾祖杜叔毗事母至孝，为兄报仇，成为一时的美谈，可是年代久远了，对杜甫也许不会有多大影响。但有一个类似的事件发生在杜甫的叔父、审言的次子杜并（684—699）身上。武后时，杜审言被贬为吉州（江西吉安）司户参军，与同事不和，司马周季重受了司户郭若讷的蛊惑，诬陷审言，把审言关在牢狱里。杜并年十六岁[2]，看见父亲遭受这样的冤屈，他饭菜都吃不下去，形容憔悴，却尽量压抑着内心的愤恨。一天，周季重在府中设宴，他乘人不备，用短刃猛刺季重，季重受了重伤，杜并当场被人打死。季重受伤不治，临死时，忏悔着说："我不知道审言有这样的孝子，郭若讷把我害到这种地步！"审言因此得救，回到洛阳。洛阳的亲友听了这个故事，都深受感动，说杜并是孝童，苏颋给他作墓志，刘允济作祭文。后来杜甫也以他是孝童的侄子为荣。

我们再看一看杜甫一向被他的研究者所忽略的母系。杜甫的母亲出身清河崔氏，她在杜甫幼年时就死去了，在杜甫的记忆里没有留下什么印象；他在他的诗里也从来没有提到过母亲。但他提到他舅父的地方很多，自然这些舅父未必是母亲的亲兄弟：在白水，在梓州、阆州、夔州，最后在潭州，他都曾经和崔家的舅父或表弟们相遇，并且有诗送给他们。他在夔州向表弟崔公辅说，"舅氏多人物"，在潭州向舅父崔伟说，"贤良归盛族，吾舅尽知名"——从这些诗句里可以推想他的舅家是一个盛大的家族。可是这盛大的家族，尤其是在他母亲直系的血统中，却含有浓厚的悲剧成分。

唐太宗的第十子李慎被封为纪王，任襄州刺史，是一个较为开明的贵族，与越王李贞齐名，当时人们把这两个兄弟合称"纪越"。武后执政时，统治阶级内部发生了极大的摩擦和矛盾，许多

2 罗振玉编的《芒洛冢墓遗文续补》中载有洛阳出土的《杜并墓志铭》。墓志铭里说杜并"春秋一十有六"，可以纠正《旧唐书·文苑传》"审言子并年十三"的错误。

高祖和太宗的子孙都遭受到武后的杀戮。李贞起兵讨伐武后，失败后，李慎也牵连下狱，改姓虺氏，配流岭外，走在中途便死去了。李慎的次子义阳王李琮也被拘入河南狱，他的一个女儿嫁给崔氏，天天穿着草鞋布衣，面容憔悴，徒步出入狱中，送衣送饭，在洛阳的街上往来，使许多人受了感动，人们说她是“勤孝”。后来李琮和两个弟弟配流桂林，都被酷吏杀害。李琮的儿子行远、行芳也配流巂州（西康西昌），六道史用刑时，行远已经成人，应该被杀，行芳还在童年，得免一死，但是行芳抱着行远啼哭不放，请求替他的哥哥死去，最后两个人都同归于尽。西南一带的人伤悼行芳，说他是“死悌”。勤孝、死悌，这些悲惨的故事，都荟萃在李琮的子女身上。[3]他的女儿就是杜甫的外祖母，行远、行芳是杜甫母亲的舅父。

杜甫外祖的母亲又是舒王李元名的女儿。李元名是高祖的第十八子，太宗的弟弟。武后永昌年间，被特务头子来俊臣的党羽丘神勣陷害，配流利州（四川广元），不久也被杀害。后来杜甫在夔州与高祖第十六子道王李元庆的玄孙李义相遇，临别时他写给他这样的诗句：

> 神尧（指高祖）十八子，十七王其门。道国（李元庆）及舒国（李元名），实维亲弟昆。中外贵贱殊，余亦忝诸孙。（《别李义》）

3　张说的《赠陈州刺史义阳王神道碑》记载这一家的悲剧，甚为详细。

杜甫的外祖家虽然是一个盛大的士族，和最上层的统治者通婚，但它承袭下来的并不是贵族的豪华，而是悲绝人伦的惨剧。所以杜甫与他的姨表兄弟荥阳郑宏之在洛阳北邙山曲合祭他们的外祖父母时，他写过一篇充满悲凉气氛的祭文，叙述到这些惨剧，一开始便说：

> 缅维夙昔，追思艰窭，当太后（武后）秉柄，内宗如缕，纪国则夫人（外祖母）之门，舒国则府君（外祖父）之外父……（《祭外祖祖母文》）

从不充足的史料里我们寻索出一些杜甫父系和母系在社会中的地位和关系。这叙述是不完全的，事实上也不可能是完全的。就我们所知道的这一些，对于杜甫伟大的成就并不能起什么积极作用。历代祖先的“奉儒守官”不过促使杜甫热衷仕进；杜预只给他一些不能实现的事业幻想；杜审言傲慢夸大的性格对于杜甫与其说是有利的，毋宁说是有害的；血族报仇与孝悌的家风只是更加强杜甫的家族观念；母系祖先的冤狱也只能在杜甫诗中多添些悲剧的气氛。这些对于杜甫的发展不但没有多少帮助，反倒可能起些限制作用。至于真正帮助他的发展而决定他的成就的，和他的家世出身并没有什么关系，而是开元时代由于社会繁荣产生的高度文化与天宝以后唐代政治和经济所起的重大变化，是他早年“读书破万卷”的努力与中年以后的与人民接近，体会人民的情感和生活，吸收了不少的人民的语言，换句话说，是他在某些时期内超越了他自己的阶级局限，看到他的阶级以外的事物，虽然他一直到他的晚年并没有能够完全摆脱掉他的家世和出身所给他的主要是消极方面的影响。

童年

公元712年（唐玄宗先天元年），杜甫生在河南巩县的瑶湾。这时他的父亲杜闲已经过了三十岁，母亲在他降生后的几年内便死去了，他的诗里一再提到的弟妹，都是继母卢氏所生的。幼年时，他曾经有一个时期寄养在洛阳建春门内仁风里二姑母的家里。这姑母是一个事事都舍己为人、不懂得自私的女子。有一回，杜甫和姑母的儿子同时染上严重的时疫。她焦心苦虑，看护这对表兄弟，无论在什么情况下，总是先照顾没有母亲的侄儿，后照顾自己的儿子，最后是侄儿的病渐渐有了转机，恢复健康；儿子的病却一天比一天沉重，不免于死亡。

杜甫当时年幼，还没有记忆，他既不知道患过这场重病，更不知道姑母是怎样牺牲了自己的儿子，救活了他的生命。他长大后，人们告诉他这段故事，成为他心灵上一个沉重的负担。这事在他生活的开端给他暗暗地涂上了一层悲剧的色彩。

杜甫自己也说，“少小多病”，不是一个健康的儿童，但他生长在一个健康的时代。这时中国统一已将及一百年，农村经济繁荣，交通发达，商业和手工业，甚至简单的机械，都有相当的发展。人民在这时自然也健壮起来，无论在体质上或精神上都具有坚定的自信心，去承受、去采用许多外来的新鲜事物，而不感到任何危险。所谓胡族的影响，虽说南北朝时即已开始，但情形却迥然不同：南北朝时我们只看见中国文化在外族武力的侵凌下随着偏居江南的政权一天比一天衰弱下去，萎靡下去；到了唐代则宾主分明，所有外族的文物，无论是美术、建筑，以及服装用具，只要传到中国来，都足以促进中国自己文化的发展。所以当时中国的门户是敞开的，外国人有的由陆路经过敦煌、凉州直达长安，有的由海路经过广州、泉州，北上扬州，胡商的足迹遍海内，胡僧的寺院麇集两京，西域诸国许多有专门技术的人都愿意到中国来显一显身手；汉人看着这些外族既不感到什么威胁，外族人到这里也往往得到了他们的第二故乡。

自然，西域诸国的音乐和舞蹈也沿着交通大道河水似的流入中国，这些生力充沛的节奏便在汉人的生命里注入新的血液，增添了新的营养。所以在人民中间，甚至在宫廷里，人们都愿意在工作的余暇有一个时期沉酣在这些使人嗅到大漠中狂野气息的歌舞里，因为从南朝传袭下来的柔歌曼舞在这时对于他们过于软弱了。就以名称而论，像旧日的《采莲曲》《后庭花》和《胡旋舞》《胡腾舞》相比，显得多么娇弱而无力！

但是有些胡舞也使一部分“稳重之士”对于世风起了无限的隐

忧，其中最受人攻击的莫过于在严冬时节举行的裸体的泼寒胡戏与从泼寒胡戏演变出来的浑脱舞了。当时有人上疏皇帝，希望政府能够下令禁止。对于前者，他们说，裸体乱跳，成什么体统，互相泼水投泥，更不成样子。至于后者，他们以为这个名称就很难听，舞者穿着锦绣的衣裳，有害女工，旗鼓喧哗，简直是战争的景象。后来泼寒胡戏在713年（开元元年）被禁止了，但是浑脱舞却在大小城市更为流行。

浑脱舞不但风行一时，而且变化很多，它常常和其他的舞曲汇合，演变出新的舞曲。武后末年，就有剑器舞与浑脱舞相合，叫作剑器浑脱。开元初年，精于剑器浑脱的，教坊舞女中，首推公孙大娘。杜甫六岁时，在郾城的街衢上看过一次公孙大娘的剑器浑脱舞。这在他的生活里也许是最早一次难于忘却的富有意义的经历，他五十年后在夔州耳聋多病时回想起这童年的印象，还历历如在目前。

剑器是健舞曲，舞女戎装打扮，一起舞就使人想到战争。唐人姚合在他的《剑器词》里说，“今日当场舞，应知是战人”；又说：“今朝重起舞，记得战酣时。”它与狂野不羁的浑脱舞相合，我们更不难想象这舞曲在一个舞女身上要求怎样大的一种雄浑的力量。但是公孙大娘不只能应付这个要求，反而绰有余力地支配这个舞曲，因此她在教坊中是舞蹈的第一名手，同时也被人民爱好，和歌手李龟年一样成为梨园传说里最有声色的人物。直到晚唐，她还一再被诗人们称颂，郑嵎在《津阳门诗》里说，“公孙剑伎方神奇”，司空图则在《剑器诗》中感慨当年的情景，“楼下公孙昔擅场，空教女子爱军装”。人们一提到开元时代的剑器舞，就必定提到公孙，公孙和剑器几乎是不可分的，这正如张旭之于当时的草书，吴道玄之于当时的壁画。

717年（开元五年），杜甫随着家人寄居郾城，他得到机会观看这个名家所舞的剑器浑脱。这种舞，有人说是空手而舞，有人说是执剑而舞；近来四川出土的古砖，其中有描绘舞剑器浑脱的，舞者则手持双剑。[4]现在，我们从杜甫的《观公孙大娘弟子舞剑器行》里看一看当时的公孙大娘在怎样一种热烈的情况中施展她的神技：在一个六岁儿童的眼中，四围的观众好像雄厚的山围绕着一片空场，一个戎装的女子在空场上出现了，四围充满寂静，充满紧张，等到她一起舞把这紧张的局面冲破时，人们好像失去固有的一切，被牵入一个激动的、战斗的、变幻莫测的世界里了——

> 㸌（剑光）如羿射九日落，矫如群帝（仙）骖（驾驭）龙翔。来如雷霆收震怒，罢如江海凝清光。

日落、龙翔、雷霆的震怒、江海的清光，是舞者从舞蹈里创造出来的世界，但她又被这自己创造出来的世界笼罩着，分明是舞者主宰

---

4 关于剑器舞的舞者手里有没有剑，是一个没有解决的问题。有人根据《文献通考》《札朴》和一些杜诗的注解说公孙大娘不应该手持双剑。但是唐人的诗如姚合的《剑器词》、郑嵎的《津阳门诗》里边都提到剑，就是杜甫的《舞剑器行》的一些诗句也是解为形容剑光更为恰当。陈寅恪在《元白诗笺证稿》里考证，白居易《立部伎》一诗中的“舞双剑”就是剑器浑脱舞。就目前所能得到的材料，作者认为剑器舞的舞者手中有剑。

这个气氛，又好像这气氛支配着舞者。在这样的景况中，四围的人谁还有能力把握住自己，把握住舞者在瞬间万变中的一个舞姿、一个舞态呢？

这对于六岁的杜甫是一个新的启发。他儿时多病，只惯于姑母的慈爱，只惯于一个礼教家庭的生活，如今他看见一个女子的身躯创造出一个这样神奇的世界，他的视线展开了，他呼吸到外界新鲜而健康的空气。我们只要读一读《舞剑器行》的序，里面特别提到张旭在邺县看完了公孙大娘舞的西河剑器，体会到舞蹈的神韵，从此草书更有进步，我们便可以推想，杜甫是以怎样一种心情在怀念他儿时的这段难得的经历。

那时因为一般的生活安定，到处流传着所谓祥瑞出现的消息，各地的官吏都爱捏造些某处有瑞草产生、某处有凤凰飞降的新闻报告给朝廷，以讨得君王的欢心。杜甫也常常听到这类的传述，如今他由于公孙大娘的舞姿，不难在他儿童的幻想里看见凤凰的飞翔，所以他在第二年七岁起始学诗时，一开首就作了一首歌咏凤凰的诗。

杜甫，这个歌颂了人间与自然界许多壮美事物的诗人，生物中除却马和鹰外，在他诗里占有重要位置的就要算想象中的凤凰了，不管作为直接歌咏的对象，或是作为比喻，提到凤凰的地方不下六七十处。但是这首七岁儿童的凤凰诗和他少年时所有的许多诗文一样，都没有流传下来。

杜甫九岁时，就惯于书写大字，临摹虞世南的书法。他后来对于书画在理论上有许多精辟的见解，可能在童年时已经有了一定的艺术修养。

在这情形下，我们已经难以设想杜甫是一个病弱的儿童，我们只觉得他的精神和他的身体随着他所处的时代健康起来了。他不断地作诗、写字、学习，然而他并没有失却童心。他在成都回忆他的童年时，他这样说——

忆年十五心尚孩，健如黄犊走复来。庭前八月梨枣熟，一日上树能千回。（《百忧集行》）

杜甫生在巩县，巩县距洛阳不过一百四十里，他有一个时期寄养在洛阳姑母的家中，他的童年可能有大部分时间是在洛阳度过的。当时的洛阳也正发展到极盛的阶段。洛阳在唐高宗末年已成为第二个国都，武后称帝后改称周都，经过武后二十余年的经营，它已经是政治、经济、文化的中心。706年（神龙二年）十月，中宗迁回西京，洛阳始终没有失却它重要的地位。洛水、瀍水虽然常泛滥成灾，但这个城市仍然是蒸蒸日上：一切建筑规模，处处要与长安媲美。至于经济情形，因为它是江淮租米漕运转输之地，东西交通要道，所以比长安还要富庶。并且从隋代以来，关中每逢歉收，当地的农产不能供给长安统治集团消耗时，皇帝就率领着他的宫卫百官“就食”洛阳，致使中宗把这种“行幸”东都的皇帝称为“逐粮天子”。唐玄宗即位后，也一再出于这种原因“行幸”洛阳，所以他的近臣除却在长安外，在洛阳也设有邸宅。

杜甫身受洛阳文化的熏陶，在他常常上树折取梨枣的年龄，已经由于他的诗文在洛阳显头露角了。洛阳名士如崔尚、魏启心等见了杜甫的作品，都为之惊赏，说他的出现无异于班固、扬雄的再生。在724年（开元十二年）十一月，玄宗率领着百官贵戚又到了洛阳，因为封禅泰山，洛阳又成为政治的中心有三年之久。杜甫在这时被当地的前辈援引，时常出入于精通音律的岐王李范与玄宗宠臣崔涤的邸宅，他在他们那里得到机会，一再听到举世闻名的李龟年的歌声。这歌声也像公孙大娘的舞蹈一样，使他难于忘记，直到他的晚年，在潭州（长沙）与李龟年偶然相遇，想到当时的情景，还写出这样四句诗：

岐王宅里寻常见，崔九（崔涤）堂前几度闻。正是江南好风景，落花时节又逢君。（《江南逢李龟年》）

吴越与齐赵的漫游

杜甫在他从二十岁（731）到二十九岁（740）的十年内做过两次长期的漫游，漫游的区域是吴越和齐赵。在唐代的诗文小说里我们常常读到，一个读书人在他青年时往往有一段或长或短的漫游时期。这漫游被人渲染上一层浪漫的色彩，正如李白所说的，“大丈夫必有四方之志，乃仗剑去国，辞亲远游”。事实上，这种远游自有它物质上的原因，所谓“四方之志”不外乎给自己的生活找出路。所以有人在考试以前，就走出家乡，到人文荟萃的都市，用言语或诗文作自我的宣传，结交有权威的人士。如果得到这类人的吹嘘，让社会上先知道自己的名字，然后再来考试，就比较容易及第了，因为一般考官判断的能力薄弱，他们的取舍往往以投考者的声名为标准。也有人考试落第了，在京城里没有出路，只好走到外地州郡，拜谒当地的首长，请求他们援引，在他们幕府里求得一个工作的地位。更有些贫穷落魄的文人，连一个工作的地位也不敢希冀，只求能够把自己创作的诗文呈献给某某达官贵人，由此而获得一点生活的费用，或者甚至是一顿饭、一件衣裳。杜甫的朋友高适在早年就是这样的诗人里的一个。

这是他们漫游的主要原因。此外自然也有所谓求仙的、访道的、问学的，这只发生在个别人的身上。但他们离开狭窄的家乡，看见异乡的山水与新奇的事物，遇到些幸福的或不幸福的遭逢，自己也会感到一种解放：他们开阔了眼界，增长了经验，丰富了生活。如果是诗人，也会因此写出视界较为广远的诗歌。杜甫在漫游时写过不少的诗，可惜没有流传下来，我们能够读到的只有两三首。这两三首诗比起他后来爱国家、爱人民的鸿篇巨制，不过是小小的萌芽，里边包含的东西还很单纯，但它已经能预示从这萌芽里会发展成一棵坚强的、健壮的树木了。

730年（开元十八年），杜甫曾经北渡黄河，到了郇瑕（山西猗氏）；这里他停留的时间很短，不能算是漫游的开始。那年洛水、瀍水泛滥成灾，冲毁洛阳的天津桥、永济桥，沉溺许多扬州等地开来的租船，千余户居民的住房也都倒塌了，杜甫一度到郇瑕，可能是躲避水灾。至于他漫游的开始，则在次年他二十岁的时候。他自己也说，浪迹于国内的丰草长林间，“实自弱冠之年”。

这正是唐代社会发展到最富庶的时期，从开元初年到天宝初年延续了三十年之久，杜甫后来在成都回忆起当时的情景，他这样说：

忆昔开元全盛日，小邑犹藏万家室。稻米流脂粟米白，公

私仓廪俱丰实。九州道路无豺虎，远行不劳吉日出。齐纨鲁缟车班班（丝商不绝于道），男耕女桑不相失。（《忆昔》）

从这几句诗里可以知道，当时由于劳动人民辛苦的工作，米粟充实了仓廪，商贾在路上络绎不绝。交通以长安为中心，四通八达，大道上驿站旁的店肆里都备有丰富的酒馔和供客乘用的驿驴，行人远行数千里，身边用不着带食粮，也用不着带兵器。水路有沟通黄河与淮水、淮水与长江的运河，从江南乘船可以直达洛阳，成为运粮的要道，这也是唐代统治者生活上最重要的命脉。杜甫第一次的漫游就沿着这条水路，经过淮阴、扬州，渡过长江，到了江南。

他往江南，不是没有人事上的因缘。他的叔父杜登是武康（浙江湖州）县尉，还有一个姑丈，名贺㧑，任常熟县尉。他们在这一带地方做县尉，不一定同时，可是从这里可以知道，杜甫的亲属与江南是有一些关系的；直到安史乱后，他的姑母还有留在那里的，所以他在成都时有“诸姑今海畔”那样的诗句。——这时因为物价低廉，米一斗不过十余文，绢一匹不过二百文，生在一个官僚家庭里的杜甫，生活上不感到什么艰难，他的出游虽然和当时的一般青年人一样，自有它物质上的原因，但他却由此认识了中国最美丽的山川的一部分，并在这里温习了一遍过去的历史。

唐初的文艺并没有随着政治的改革演变出一个新的面貌，一切还承袭着六朝的传统，作诗的人们专门在辞藻和声律上下功夫，写出来的诗歌缺乏真实，没有内容，比六朝时代的诗还更少生气。到了“四杰”，宫体诗才在卢照邻（约636—约695）、骆宾王（约640—约684）手里从宫廷走到市井，五律到王勃（649—676）、杨炯（650—约693）时代才从台阁转到江山和塞漠。[5]约在杜甫降生前的二十年，我们听见陈子昂（661—702）在幽州台上发出——

前不见古人，后不见来者。念天地之悠悠，独怆然而涕下！（陈子昂《登幽州台歌》）

那样雄壮的绝唱，这是齐梁以来二百年内难于听到的声音。这个诗人认为当时的文风太萎靡，太颓废了，既不能反映时代，也不能与新兴的音乐、美术、舞蹈相配合，他主张在健康的时代应该有健康的歌声。只可惜当他四十二岁的壮年，在家乡（四川射洪）被贪污的县令诬陷，屈死狱中，他对于他同时代的诗人并没有产生多大的影响。

杜甫生长在洛阳文化的气氛里，早年学诗，除了接受祖父杜审言的诗法外，还得要在六朝的诗人里去寻找他的楷模，因此谢灵运、谢朓、阴铿、何逊、鲍照、庾信等人的诗都成为他学习的榜样。至于陈子昂的呼声，他在壮年以后才深切地听到，这时他纵使听到了，也许还没有给以相当的注意。

现在到了江南，也就是到了二谢、阴何、鲍庾那些诗人所歌咏

5　根据《闻一多全集》第三册《唐诗杂论》中《四杰》篇。

的地方，他置身于那里秀丽的山水中，该当多么兴奋！他在姑苏拜访了吴王阖闾的坟墓，游览了虎丘山的剑池；走到长洲苑，正赶上荷花盛开；走出阊门，拜谒太伯庙，庙影照映在一片宁静的池塘里。他也起过这样的念头，想登上浮海的航船，去看一看人间传述的海外“扶桑”到底是什么景象，因为顺着扬子江可以驶入通往日本的海道。但他并没有能够东去大海，只是渡过钱塘江，登西陵（萧山县西）古驿台，在会稽体会了勾践的仇恨，寻索了秦始皇的行踪。五月里澄清的鉴湖凉爽如秋，湖畔的女孩子洁白如花，他乘船一直到了曹娥江的上游剡溪，停泊在天姥山下。

这次漫游，他也曾在江宁停留过一些时日。他看见六朝时代像王家谢家的那些豪门士族都已烟云消散，可是瓦棺寺里顾恺之的维摩诘壁画却依然无恙。瓦棺寺建于364年，顾恺之在壁上画了维摩诘像，一时光照全寺，引得全城的人都来看画，庙里不一会儿的工夫便收集了布施百万。时间过去，将及二百七十年，这幅画却没有失去它的光彩，它仍旧吸引着远远近近的游人。杜甫不只如饥若渴地欣赏了那幅画图，而且还在江宁人许八那里求得瓦棺寺的维摩诘图样。在古代名画中，这也许是杜甫看得最早或是印象最深的一幅，758年（肃宗乾元元年）他在长安送许八回江宁，还提到这件事，他说：

虎头（顾恺之）金粟影，神妙独难忘！（《送许八拾遗江宁觐省》）

他在江南漫游，有三四年之久，后来因为要参加735年（开元二十三年）的进士考试，才回到巩县故乡，请求县府保送。此后他再也没有重来江南，但后来他无论到什么地方，都时常思念吴越的“胜事”，并且也有过到江淮一带住家的打算。最明显的是他在夔州送给一个胡商的诗：

商胡离别下扬州，忆上西陵故驿楼。为问淮南米贵贱，老夫乘兴欲东游。（《解闷》十二首之二）

当时谁若要参加考试，而不是学馆里举选的“生徒”，就必得由乡里保荐，州县甄选，然后才能到京城应试。经过这样手续去投考的，叫作“乡贡”。这些“贡人”在每年冬季和各地的贡品同时起程，在年前赶到。在统治者的眼里，人和物并没有什么区别，都是供他们使用的。人们把各地搜刮来的金帛宝物、珍禽奇兽，在元旦新春时陈列在皇帝面前，博得他的欢心；这些“贡人”就被遣送到尚书省，由一个地位并不高的考功员外郎（后来改为礼部侍郎）考试。杜甫这回投考，随着那些贡物并没有到长安去，而是到了近在咫尺的洛阳。因为733年（开元二十一年）的秋天长安一带雨水太多，伤害了五谷，农产品又养活不起这个统治集团，玄宗在第二年的正月便迁住东京，一直住到736年的十月。所以735年的进士考试是在洛阳举行的。

进士考试并不是一件容易事。每次投考的两三千人，取录的往往不及百分之一。在杜甫投考的那一年，进士只取录二十七名，杜甫却落第了。杜甫这年二十四岁，刚从吴越归来，只是饱尝了江南的山水，还没有注意到现实的人生，自己由于勤苦好学能写一些诗文，便觉得不可一世，把屈原、贾谊、曹植、刘桢这些古人都不放在眼里。进士落第，对于那时的杜甫并不算什么打击，他在洛阳住了不久，便起始了他第二次的漫游。他后来用两句诗形容他这次漫游的情形：

放荡齐赵间，裘马颇清狂。（《壮游》）

这是青年时代的杜甫，这和我们所熟悉的后来的杜甫是多么不同！我们熟悉的杜甫是有着“葵藿倾太阳，物性固难夺”那样坚决的性格，有着“不眠忧战伐，无力正乾坤”那样博大的胸怀，但这里的这个杜甫也是真实的。青年杜甫所处的社会环境能够使他有裘有马，允许他用放荡与清狂来鄙视人世的庸俗，可是却没有能够使他放开眼睛直视现实的生活——只有由于现实生活的认识与体验才能在一个诗人心里燃烧起对于人民和国家的热爱，这对于杜甫还要有所等待，等待到他丧失了裘马，同时也放弃了放荡与清狂的时候。

齐赵一带，是现在的山东与河北南部。他能以裘马清狂，主要的条件是他的父亲当时在兖州做司马。他在这期间内（736—740），往北到过邯郸，往东到过青州，他的实际生活，我们知道的很少，若是就他晚年回忆的诗歌看来，好像这段生活只是在打猎和唱歌里度过的，虽说事实上并不一定是这样。

他说，春天他在邯郸的丛台上唱歌，冬天在青州以西的青丘游猎。和他一起游猎的有武功苏源明。源明早年失去父母，徒步在徐州、兖州一带作客，是杜甫朋友中认识最早的里边的一个。他们二人常常骑着马在原野游猎，有一天忽然看见远远飞来一只鹙鸧，杜甫把马放开，向天空射出一箭，霎时间这只鸟儿便落在马前。从这里可以知道，杜甫在当时不只是一个诗人，而且是一个骑胡马、挟长弓、箭不虚发的射手。

大约在他二十八九岁时，他写出来他的诗集里最早的诗：《登兖州城楼》和《望岳》。前者是一首普通的律诗；后者却像我们在前边所说的，是一个宝贵的萌芽，预示着将来伟大的发展，这首诗一开端就这样写：

岱宗（泰山）夫如何？齐鲁青未了。

青，是泰山的山色。杜甫从齐到鲁，一片青山总离不开他的面前，这两句诗说明了高峻的泰山是怎样突立在齐鲁一带的天地之间。他也曾在深秋登上泰山的日观峰，翘首八荒，望见逝水东流，平原憔悴。他想到这几年来，玄宗仰仗着仓库里藏有吃不完的粮米，用不完的缣帛，在西方和北方的边疆上不断发动战争：738年杜希望攻陷吐蕃的新城，张守珪大破契丹；739年盖嘉运又在碎叶城（现哈萨克斯坦境内巴尔喀什湖南）打败突厥……因此人民的征役也就频繁起来，虽说眼前的社会极度繁荣，但这也会耗损人力，影响耕桑，使生产降落。

这是裘马清狂的杜甫在唱歌游猎中间偶然的感触，这感触只是火花一般地爆发出来，在他面前闪烁了一下，还没有凝结成一团火在他心里燃烧。

与李白的会合

741年（开元二十九年），杜甫从山东回到洛阳，在洛阳和偃师中间偏北的首阳山下尸乡亭附近开辟了几间窑洞，作为他的住所，这就是他后来常常怀念的“尸乡土室”和土娄庄。这带地方有他祖父杜审言的坟墓，他的远祖晋代的名将杜预也埋葬在这里。我们在前边已经说过，这两个人是杜甫在他祖先里最推崇的人物：前者使他时时都意识着写诗是杜家的传统；后者则以他的才智和事业向他昭示，使他觉得“致君尧舜上，再使风俗淳”是他应有的责任。

杜甫在他十年的漫游里，经历了不少秀丽和雄伟的山川，认识了江南和山东的文化，最后写出来像《望岳》那样的诗。这样的诗的写成正预示着他在诗的范围里将有一个远大的发展，也正如这首诗里最后两句所说的——

会当凌绝顶，一览众山小！

从此以后，健壮的诗句便不断地从他的笔下涌出。在动物里他特别喜爱鹰和马，他用它们比喻战斗的生活和崇高的品质。他写素绢上一只英勇的画鹰——

何当击凡鸟，毛血洒平芜？（《画鹰》）

他把一匹胡马看成最忠实的朋友——

所向无空阔（可以越过宽阔的距离），真堪托死生！（《房兵曹胡马》）

但这十年的漫游对于事业的前途并没有给他打开一条道路。考试落第了，旅途上结识的大半都是和他一样游猎唱歌的朋友，并没有遇到什么实际上能援引他去做一番事业的人物。如今住在首阳山下，天天望着杜预的坟墓，想起杜预的一生是多么丰富，而自己已经是三十岁了，除去写了一些诗文以外，在社会里实际的工作可以说是还没有开始。在这样的对比下，多才多能的杜预更引起他的景慕了；他于是写了一篇《祭远祖当阳君文》，颂扬杜预的武功和智慧，表示他在这里居住，是“不敢忘本，不敢违仁”。

他可能是在这时结婚的，夫人姓杨，司农少卿杨怡的女儿。他和夫人的情爱很深笃，安史乱后，他们一起流亡，一起受苦，在分离时他写过不少怀念她的诗。——第二年，住在洛阳仁风里的姑母死去了，他给她守制，给她写墓志，给她刻石。墓志一开端就这样说：一般的墓志大抵都是死者的家人用钱贿赂，使作者给死者说些好听的话，真假混淆，形成一套庸俗的公式。现在他写这篇墓志，却要真实地叙述他姑母的德行，并且把他幼年在姑母家里生病的那段故事作为一个实例。

742年（天宝元年），他殡葬了他的姑母，744年给继祖母卢氏写墓志，他又回到一个礼教家庭的气氛里，生活更无从开展。他时而住在首阳山下的窑洞里，时而长期留在洛阳。洛阳是人文荟萃的都市，同时也是豪官富贾钩心斗角的场所，使他感到憎恶和厌烦，他曾经用两句诗表达他的心情：

二年客东都，所历厌机巧。（《赠李白》）

这两句诗，是他在744年的初夏接触到另一个诗人时从内心里迸发出来的。这诗人的名字是李白。李白生于701年（武后长安元年），比杜甫大十一岁，他们在洛阳相遇，杜甫三十三岁，李白已经四十四了。这时杜甫的诗刚刚建立起自己的风格，而李白已经完成了不少的名篇。这两个唐代最伟大的诗人的会合，与此后结成的友情成为中国文学史上的佳话。他们的晤面本来可以更早一些，可是他们在这以前并没有得到碰在一起的机会。杜甫漫游吴越时，李白经过太原到了齐鲁，杜甫游齐赵时，李白又在江南。随后杜甫回到洛阳，李白在742年才从剡中北上长安。

唐代数十年社会的富庶与交通的发达在诗歌里渐渐养成了一种

浪漫的风格。当那些回忌声病、讲求格律的诗人在宫廷周围写些内容空虚、缺乏生气的诗歌时，另有一部分诗人却用较为自由的豪放的诗句去歌咏游侠和求仙。当时由于贵族的豪奢与商贾阶层的形成，游侠的风气盛行一时，长安、洛阳以及许多通都大邑，都是侠客们驰骋的场所。游侠生活就成为诗歌里的一个新的主题。我们读卢照邻的《长安古意》、骆宾王的《帝京篇》，便可以看出，仿佛贵族和侠客，倡家和豪门彼此是不可分离的。就是杜甫的诗里也曾客观地描述过游侠的生活，他写当时的宋州（商丘）：

邑中九万家，高栋照通衢；舟车半天下，主客多欢娱。白刃仇不义，黄金倾有无；杀人红尘里，报答在斯须。（《遣怀》）

至于求仙成为一时的风气，是从两种相反的心理形成的：一些统治者，帝王和贵族，要使他们奢侈的生活百尺竿头更进一步，希望能在虚无缥缈的仙境把他们优越的生活永久延续下去；另一方面则有一些人蔑视现实的生活，想用炼丹、修道、求仙来超脱世俗，寻求精神上的解放。

游侠与求仙，在李白的一生里占有相当重要的地位。他十五岁时便起始学习剑术，二十岁时充作侠客，亲手杀死过好几个人；随后到处漫游，除却偶尔拜谒一些有权势的达官贵人外，他还求仙访道，迷信符箓，致使天台的司马子微说他有“仙风道骨”，到长安后贺知章一见面就说他是“天上谪仙人”。

这种生活是浪漫的，又是与人民隔离的、个人主义的，李白对于人世间一切的秩序表示反抗，看不起尧舜，看不起孔丘，是为了他自己要有高度的自由。他说他不能“摧眉折腰”侍奉权贵，是因为自己“不得开心颜”。他的诗歌比起当时一般歌功颂德、讨得统治集团的欢心的诗是一个大进步、大解放。但这个进步和解放只停留在个人的浪漫主义的阶段上。

这时社会的富庶与秩序还能在某种条件下容许诗人和士大夫们过他们放纵而浪漫的生活。尽管他们说尧、舜之事不足为奇，尽管他们嘲笑孔丘，只要不触犯当时统治者的利益，他们放荡的生活是可以容许的。杜甫的《饮中八仙歌》就是这些人活生生的写照，其中有皇家的贵族，有宰相，有诗人，有艺术家……每人都用酒来解放自己，摆脱社会上的羁绊。所以李白在长安一出现，便和酒徒们聚在一起，如鱼得水，他的行为就是在玄宗的眼里也是新奇的、有趣的。但等到他一再在玄宗面前表露他酒后的傲慢，并且得罪了高力士和杨贵妃时，玄宗对于他的兴趣也就淡泊下去，最后觉得这个人有些讨厌了，便在744年（天宝三载）给了他一些金钱叫他离开长安。

在杜甫的诗集里我们很少读到关于游侠与求仙的诗，这两种生活他都很隔阂；可是只有在和李白在一起的这个阶段里，他被李白的风采吸引住了，他受了他的影响，他看见了游侠，他也亲自去求仙访道。这在他的一生里是一段插曲。也许正因为他这时的生活没有出路，同时对于社会的现实也还缺乏认识，他在送给李白的第一首诗里便有一大套道家的术语，而且还和李白约定，一起到梁州

（开封）、宋州一带去采摘瑶草。他随即和李白渡过浪涛汹涌的黄河，到了王屋山。这座山在山西阳城和河南济源的中间，当时是一个道家的圣地。他们走到山上的小有清虚洞天，去参拜道士华盖君，可是到了那里，华盖君已经死去，他们凄凉地望着寥廓的四野，不得不按着来时的路径回去。随后李白往陈留拜访他的从祖采访大使李彦允，杜甫也跟着赶来。在秋季，他们和高适遇在一起了。高适（约701—765）自从739年以来，就在梁宋和山东一带流浪，杜甫在开元末年曾经和他在汶上结识；如今重逢，这三个诗人便在这里度过一个浪漫而放荡的秋天。

我们从前边引的杜甫的诗句可以知道，当时的宋州是一个商业冲要，也是游侠出没的场所。宋州以北，直到单父（山东单县）有一片大泽叫作孟诸，从来就是适宜游猎的区域，李白在诗里常常提到这一带地方是——

鹰豪鲁草白，狐兔多肥鲜。（李白《秋猎孟诸夜归》）

这三个朋友自然少不了在这里呼鹰逐兔，过一番游猎的生活。

他们有时在城里的酒楼畅谈痛饮；有时登上吹台，南望芒砀山上的浮云；有时在黄昏时走上单父的琴台，北望没有边际的寒芜，好像能一直望到渤海的海滨。杜甫后来回忆当时的情景，他这样写：

桑柘叶如雨，飞藿去徘徊；清霜大泽冻，禽兽有余哀。（《昔游》）

他们面对这样的景色，也谈论着当时的时事，谈到近几年来玄宗好大喜功，边将们专门用立功边疆来夸耀功绩，以博得皇帝的欢心。边将驱使着成百万的兵士攻打一个不重要的城市，打胜了报告给政府，打败了就把消息隐瞒起来，将领们看着一批一批的军队有如泥土，占领一尺宽的土地要用一百个生命换取。这时海内还没有凋枯，仓廪也还充实，但是——

幽燕盛用武，供给亦劳哉！吴门转粟帛，泛海陵蓬莱（由海道运输）。（《昔游》）

这些敏感的诗人在他们痛饮高歌的时刻谈到这个局面时，对于国家不由得不感到一种危机。李白也曾用《战城南》的乐府古题写出反对侵略战争的诗歌，他在这首诗里引用了老子的话：

乃知兵者是凶器，圣人不得已而用之。

不久，这三个朋友都先后离开了这里，高适南游楚地，杜甫和李白到了山东齐州（济南）。

李白这次到齐州，要在紫极宫（祀奉老君的玄元皇帝庙）领受北海高天师的道箓，杜甫却在这里拜访了北海太守李邕（678—747）。李邕数十年来由于他的书法、他的文章和他广泛的交游，在文艺界里享有极大的声名。他给死人写墓志，给庙宇写碑文，得到大量的馈赠，过着奢侈而豪放的生活。他的钱财来得容易，用去也容易，他任意帮助一些穷困的朋友。晚年他竟成为富有传说性的人物。他在长安、洛阳，无论走到哪里，都有人围着观看，他居住的巷子也常常被来访者拥塞得水泄不通。李白曾经写诗给他向他发牢骚：

时人见我恒殊调，见余大言皆冷笑。（李白《上李邕》）

杜甫呢，却曾经感到无上的光荣，当他少年在洛阳时，李邕和那以《凉州词》闻名的高傲的王翰都忘记了他们的盛名与高年，要与杜甫论文，与杜甫结邻。

745年，李邕的从孙李之芳在齐州任太守，这年夏天，李邕也从北海（青州）来到齐州。李邕已经是将近七十岁的人，杜甫和他一起游历下亭、新亭。在亭里他们重叙洛阳别后的情形，任凭日影在亭前移动。他们还谈到当代的文学，李邕把几十年来的诗人屈指细数，一直数到崔融和苏味道。他对于每个人都给以一个评价，他称赞杨炯诗文的雄壮，而不满意李峤的华丽；张说本来是杜甫最钦佩的人，他死去很久了，但李邕仍然是尖刻地攻击他，因为他们二人有解不开的私怨。最后谈到杜审言，他说审言的《和李大夫嗣真诗》是一篇难得的佳作。

这时李白已经回到兖州，他的家在兖州附近的任城（济宁）。杜甫和李邕度过一个快意的夏天后，也到了兖州。他和李白在秋日重逢，他写出这样四句诗赠给李白：

秋来相顾尚飘蓬，未就丹砂愧葛洪（自言访道无成）。痛饮狂歌空度日，飞扬跋扈为谁雄？（《赠李白》）

随后他和李白一起走入东蒙山访问道士董炼师和元逸人；他们白天携手同行，醉时共被酣睡，友情比去年在洛阳和宋州时又增进了许多；他们有时走出兖州的北门，到荒陂漫野中寻访他们共同的友人范隐士，在那里任情谈笑；他们也常常守着一杯酒仔细讨论文学上的问题：但那时的杜甫还没有写出《北征》和《赴奉先县咏怀》等杰作，李白虽然已经有了不少代表性的作品，可是杜甫对于他的认识也还不够，他只把李白和南朝的诗人阴铿相比。

这是这两个诗人最后的会合。不久，杜甫要西去长安，李白也准备着重游江东，两个人在兖州城东的石门分手，临别时李白送给杜甫一首诗：

醉别复几月？登临遍池台。何时石门路，重有金樽开？秋波落泗水，海色明徂徕（山名）。飞蓬各自远，且尽手中杯！（李白《鲁郡东石门送杜二甫》）

从此石门路上的金樽没有能够“重开”，这两个诗人也就永久地分手了。那海阔天空的李白在他的旅程中又遇见许多新的朋友，杜甫的名字再也不在他的诗里出现；可是一往情深的杜甫，后来无论是在长安的书斋，或在秦州的客舍，或是在成都和夔州，都有思念李白的诗写出来，而且思念的情绪一次比一次迫切，对于李白的诗的认识也逐渐加深：在长安时说“白也诗无敌”，在秦州时说李白“笔落惊风雨，诗成泣鬼神”，在成都时说他“敏捷诗千首，飘零酒一杯”，再也不说他的诗只像阴铿了。

长安十年

唐代的长安是一座规模宏大的京城。东西十八里一百一十五步，南北十五里一百七十五步，全城除去城北的皇宫和东西两市，共有一百一十个正方形或长方形的坊，坊与坊之间交叉着笔直的街道。它自从582年（隋文帝开皇二年）建立后，随时都在发展着，到了天宝时期可以说是达到极点。里边散布着统治者的宫殿府邸、各种宗教的庙宇、商店和旅舍，以及公开的和私人的园林。唐代著名的诗人很少没有到过长安的，他们都爱用他们的诗句写出长安地势的雄浑、城坊的整饬、统治阶级豪华的生活和日日夜夜在那里演出的兴衰隆替的活剧。杜甫在他三十五岁时（746）也到了长安，但他的眼光并没有局限在这些耀人眼目的事物上；他一年年地住下去，在这些事物以外，还看到统治集团的腐化和人民的痛苦。他在一首赠给张垍的诗里说他多年漫游所得的结果是“适越空颠踬，游梁竟惨凄”；他在洛阳经历了许多人间的机巧；如今他到了长安，主要的目的是希望得到一个官职。他和佛教的因缘不深，王屋山、东蒙山的求仙访道是暂时受了李白的影响，无论是家庭的儒术传统或是个人的要求都促使他必须在政府里谋得一个工作的地位。他的父亲由兖州司马改任距长安不远的奉天（陕西乾县）县令，也许是使他西去关中的附带原因。不料在长安一住十年，他得到的并不是显要的官职，而是对于现实的认识，由此他给唐代的诗歌开辟了一片新的国土。

这时的政治正显露出日趋腐化的征象。李隆基做了三十多年的皇帝，眼看着海内升平，社会富庶，觉得国内再也没有什么事值得忧虑，太平思想麻痹了他早年励精图治的精神。这个年过六十的皇帝，十几年来迷信道教，不是亲自听见神仙在空中说话，就是有人报告他在紫云里看见玄元皇帝（老君），或是某处有符瑞出现，使他相信他将要在一个永久升平的世界里永生不死。同时他又把自己关闭在宫禁中，寻求官感的享乐，终日沉溺声色，过着骄奢无度的生活。他把一切政权都交付给中书令李林甫。李林甫是一个“口有蜜腹有剑”的阴谋家。他谄媚玄宗左右，迎合玄宗的心意，以巩固他已经获得的宠信；他杜绝讽谏，掩蔽聪明，以完成他的奸诈；他忌妒贤才，压抑比他有能力的人，以保持他的地位；并且一再制造大狱，诬陷与他不合作的重要官员，以扩张他的势力。因此开元时代遗留下来的一些比较正直的、耿介的、有才能的，或是放诞的、狷洁的人士，几乎没有一个人不遭受他的暗算与陷害。杜甫所推崇的张九龄、严挺之都被他排挤，离开京师，不久便先后死去；惊赏李白的天才、相与金龟换酒的贺知章也上疏请度为道士，归还乡里；随后李邕在北海太守的任上被李林甫的特务杀害，左丞相李适之贬为宜春太守，不久也被迫自杀；与李适之友好、后来与杜甫关系非常密切的房琯也贬为宜春太守。这时的长安被阴谋和恐怖的空气笼罩着，几年前饮中八仙的那种浪漫的气氛几乎扫荡无余了。李林甫以外，政府里的人物不是像王铁、杨国忠那样的贪污，就是像陈希烈那样的庸懦。——杜甫初到长安，漫游时代的豪放情绪还没有消逝，他在咸阳的旅舍里度天宝五载的除夕时，还能和旅舍里的客人们在明亮的烛光下高呼赌博。但等到他和长安的现实接触渐多，豪放的情绪也就逐渐收敛，这中间他对于过去自由的生活感到无限的依恋。一种矛盾的心情充分地反映在他长安前期的诗里：一方面羡慕自由的“江海人士”，一方面又想在长安谋得一个官职，致使他常常有这样的对句：上句说要脱离使人拘束的帝京，下句紧接着说不能不留在这里。尤其是从外面回到寂寞的书斋，无论在风霜逼人的冬日，或是望着渭北的春天，他终日只思念着李白；孔巢父从长安回江东时，别筵上他也一再托付他，向李白问讯。他这样怀念李白，就是羡慕李白还继续着那种豪放的生活，而他自己却不得不跟这种生活告别。

唐玄宗终日在深宫里纵情声色，对于外边的情况一天比一天模糊，从一个精明有为的帝王变成一个糊涂天子。他有时偶然想到人民，豁免百姓的租税，但那些贪污的权臣的横征暴敛比他所豁免的要超过许多倍。747年，他诏征文学艺术有一技之长的人到京都就选。李林甫最嫉恨文人和艺术家，因为这些人来自民间，不识“礼度”，他恐怕他们任意批评朝政，对他不利，于是摆布阴谋，让这次应征的举人在考试时没有一人及第。揭晓后，他反而上表祝贺，说这足以证明如今的民间没有剩余的贤能。玄宗也只好这样受他蒙混。杜甫和诗人元结（719—772）都曾经参加过这个欺骗的考试。杜甫本来把这次考试看成他唯一的出路，并且以为一定能够成功，不料得到这样的结果，所以他在诗里一再提到这件伤心事，等到752年李林甫死后，他更放胆说出他几年来胸中的悲愤：

破胆遭前政，阴谋独秉钧（指李林甫专权）；微生沾忌刻，万事益酸辛。（《奉赠鲜于京兆二十韵》）

这是杜甫在李林甫的阴谋政治里遇到的打击，同时他私人的经济情形也起了大变化。他父亲可能在奉天县令的任上不久便死去了；他在长安一带流浪，一天比一天穷困，为了维持生活，他不能不低声下气，充作几个贵族府邸中的“宾客”。当时有一小部分贵族承袭着前代的遗风，除去在他们的府邸园林中享受闲散的生活外，还延揽几个文人、乐工、书家、画师作为生活的点缀。他们在政治上不会起什么作用，可是据有充足的财富，随时给宾客们一些小恩小惠。宾客追随着他们，陪他们诗酒宴游，维持自己可怜的生计；有时酒酣耳热，主客间也仿佛暂时泯除了等级的界限，彼此成为“朋友”。杜甫就做过这样的宾客。他除此以外，还找到一个副业，他在山野里采撷或在阶前种植一些药物，随时呈献给他们，换取一些“药价”，表示从他们手里领到的钱财不是白白得来的。这就是他后来所说的“卖药都市，寄食友朋”。这些“友朋”中最重要的是汝阳王李琎和驸马郑潜曜。他写诗赠给他们，推崇他们，说他们对待他是——

招要恩屡至，崇重力难胜。（《赠特进汝阳王二十韵》）

但实际的情况却在另一首诗里说得清楚：

朝扣富儿门，暮随肥马尘；残杯与冷炙，到处潜悲辛！（《奉赠韦左丞丈二十二韵》）

他写出这样辛酸的诗句赠给韦济。韦济也不是怎样高明的人物，他在734年把乌烟瘴气的方士张果举荐给玄宗，逢迎皇帝求长生、迷信道教的心意。748年由河南尹迁尚书左丞。在河南时他曾经到首阳山下尸乡亭去访问杜甫，可是杜甫已经到长安去了。他到长安后，常常在同僚的座上，赞颂杜甫的诗句，这可以说是当时在长安唯一因为诗而器重杜甫的人。因此杜甫也就把他心里的悲愤毫无保留地向他倾诉，写成《奉赠韦左丞丈二十二韵》。这首诗一开端就说出他在这腐化的社会中感到的真实，“纨袴不饿死，儒冠多误身”，随后他述说他早日的抱负和今天的沦落。这是杜甫最早的一首自白诗，也说明他的穷困从此开始。诗里还叙述了他内心的冲突：他想东去大海，恢复他往日自由浪漫的生活，可是又舍不得离开终南山下的长安。事实上，他在749年的冬天也回过故乡一次。他在洛阳城北参谒那时已经改名太微宫的玄元皇帝庙，欣赏吴道玄在宫中壁上画的《五圣图》，并且写出一首诗，对于玄宗过分地推崇道教表示不满。他在洛阳没有住多久，又回到长安。

玄宗在751年（天宝十载）正月八日到十日的三天内接连举行了三个盛典：祭祀玄元皇帝、太庙和天地。杜甫正感到无路可走，于是趁这机会写成三篇《大礼赋》，把《进三大礼赋表》投入延恩匦[6]。想不到这三篇赋竟发生了效果，玄宗读后，十分赞赏，让他待制集贤院，命宰相考试他的文章，成为他长安十年内最炫耀的一个时期。他在一天内声名大噪，考试时集贤院的学士们围绕着观看他。可是这个幸运一闪便过去了。考试后他等候分发，却永无下文，这也是李林甫在从中作祟。他只好长期地等待，等到第二年的春天他又回到洛阳小住时，他绝望地向集贤院的两个学士说，仕进的前途没有多大希望了，只有继承祖父的名声努力作诗吧。

但他并不完全断念。754年又接连进了两篇赋：《封西岳赋》和《雕赋》，他在这两篇赋的进表里仍旧是渴望仕进，把他穷苦的生活写得十分凄凉。同时他也不加选择，投诗给那些他并不十分尊重的权要，请求他们援引。他写诗给翰林张垍、京兆尹鲜于仲通、来长安朝谒的哥舒翰、左丞相韦见素。这些诗都是用排律写成的，具有一定的格式：首先颂扬他们的功业，随后陈述自己的窘况，最后说出投诗的本意，说得又可怜、又迫切，排律里堆砌的典故也掩盖不住他凄苦的心情。从这里我们看到，杜甫一方面被贫穷压迫，一

6 匦，是当时一种提意见的信箱，创始于武后当权时。匦有四方面：东曰延恩，南曰招谏，西曰伸冤，北曰通玄。凡是自己觉得有本领、希求闻达的人可以把他的著作或条陈投入延恩匦里。

方面被事业心驱使，为了求得一个官职已经到了不择手段的地步。

他四十岁后，不但穷，身体也渐渐衰弱了。751年秋天，长安下了许多天雨，到处墙屋倒塌，杜甫在旅舍里整整病了一秋，门外积水中生了小鱼，床前的地上也长遍青苔。他的肺本来就不健全，这次又染上沉重的疟疾。他病后到友人王倚家中，向王倚述说他的病况：

> 疟疠三秋孰可忍？寒热百日相交战。头白眼暗坐有胝，肉黄皮皱命如线。（《病后过王倚饮赠歌》）

同年冬天，他寄诗给咸阳、华原两县县府里的友人说他饥寒的情况：

> 饥卧动即向一旬，敝衣何啻联百结。君不见空墙日色晚，此老无声泪垂血。（《投简咸华两县诸子》）

王倚和咸、华两县的友人，既不是权贵，也不是文豪，却是些朴实无名的人。当杜甫运用典故写出一篇篇的五言排律呈给权贵请求援引时，他也向这些朴实而平凡的人用自然活泼的语言述说他的病和他的饥寒。这时杜甫已经起始吸取民间的方言口语，把它们融化在他的诗句中，使他的诗变得更为新鲜而有力。

在权贵和无名的友人之外，这里我们要提到三个人，这三个人在杜甫的长安后期丰富了他的生活，慰藉了他的愁苦，并且都是他终生的朋友。他们是高适、岑参、郑虔。

高适在宋州和杜甫、李白别后，浪游数载，最后在河西节度使哥舒翰的幕府里做书记，752年的下半年随哥舒翰入朝，到了长安。岑参（715—770），这个与高适齐名的诗人，从749年起在安西四镇节度使高仙芝的幕府任书记，在751年秋天随高仙芝来长安，754年初又随着封常清去北庭（新疆吉木萨尔）。郑虔则从750年起在长安任广文馆博士。在这时期内，三人中与杜甫来往最久、交谊最厚的是郑虔；至于杜甫与高岑的聚合则集中在752年秋他们三人偕同储光羲、薛据共登慈恩寺塔的那一天。

慈恩寺在长安东南区的进昌坊，东南经过一些庙宇便是曲江，人们若是登上寺内七层的高塔，俯瞰这渭水与终南山中间的名城，从它山川的背景上便会更清楚地看出它雄浑而沉郁的气象，这正如岑参在登塔时所写的——

> 秋色从西来，苍然满关中；五陵北原上，万古青濛濛。
> （岑参《与高适薛据登慈恩寺浮图》）

这天共同登塔的人，每个人都写了一首诗（只有薛据的诗失传了），这些诗大半都表达出一种共同的感觉，人们登上高处，就好像升入虚空，与人世隔离了。杜甫的诗却不然，他并没有出世之感，他说：

> 自非旷士怀，登兹翻百忧。

他在秋日的黄昏望见秦山破碎，泾渭难分，从无语的山川里看出来时代的危机；随后他像屈原似的用借喻法写出对于唐太宗的怀念与对玄宗的惋惜：

回首叫虞舜（指唐太宗），苍梧（指太宗墓）云正愁；
惜哉瑶池饮，日晏昆仑丘！（指玄宗与贵妃在温泉的游宴）
（《同诸公登慈恩寺塔》）

这正是号称治世而乱世的种子已经到处萌芽的时代。李林甫专政，奸臣弄权，把开元时代姚崇、宋璟培养的一些纯良政风破坏无余。边将们好大喜功，挑动战争，在开元末年和天宝初年还能在边疆的战场上获得一些胜利；可是后来就不同了，在751年的一年内，鲜于仲通争南诏，高仙芝击大食（阿拉伯），安禄山讨契丹，结果无一不败。为了补充兵额，人民担负着极大的征役的痛苦，有时杨国忠甚至遣派御史分道抓人，套上枷锁送入军中。玄宗把政事交给贪污的宰相，把边防交给穷兵黩武的将官，人民受着纳租税与服役的残酷剥削，同时生产力也就衰落下去了。

长安北渭水上的咸阳桥连接着通往西域的大道，统治者用暴力征发来的兵士开往边疆都要从这里经过。杜甫曾经亲自看到过士兵们出发时的情景，他们的父母妻子拦道牵衣，哭声震天。他问一个兵士到哪里去，那兵士说，他十五岁时就到过北方防守黄河要塞，好容易盼着回来了，如今满头白发，又要开往边疆营田，准备和吐蕃作战，抛下家里的田地反倒没人耕种，可是县官又来催租，真不知租税从哪里凑得起来。杜甫看着这凄惨的景象，听着这悲凉的谈话，再也遏制不住他心头的痛苦了，他写出他第一首替人民说话的诗：《兵车行》。在这首诗里他提到生产力的减少：

> 君不闻汉家山东二百州，千村万落生荆杞。纵有健妇把锄犁，禾生陇亩无东西。

提到统治者驱使人民，有如鸡犬，同时对于租税一点也不放松，最后想象出西方战场上的情况是：

> 君不见青海头，古来白骨无人收。新鬼烦冤旧鬼哭，天阴雨湿声啾啾！

这时杜甫正在四十岁左右，他四十岁以前的诗存留下来的并不多，一共不过五十来首，其中固然有不少富有创造性的诗句，但歌咏的对象不外乎个人的遭遇和自然界的美丽与雄壮。随着《兵车行》的出现，他的诗的国土扩大了，里边出现了唐代被剥削、被奴役的人民。——《兵车行》以后，他又写出《前出塞》九首，他一再地对于侵略性的战争提出疑问。他说，“君已富土境，开边一何多？”又说，“杀人亦有限，立（一作列）国自有疆”。

在这政风腐败、边疆失利、民生渐趋凋敝的时代，玄宗奢侈的生活却有加无已。春天带着贵妃和杨氏姊妹从南内兴庆宫穿过夹城游曲江芙蓉苑，冬季到骊山华清宫里去避寒；贵妃院和杨氏五宅日常享用的丰富，出游时仪仗的隆盛，达到难以想象的地步，“进食”时一盘的费用有时能等于中等人家十家的产业。至于斗鸡、舞马、抛球……那些外人难明真相的宫中乐事，给民间添了许多传说，给诗歌传奇添了许多材料，但是这中间不知隐埋着多少人民的血泪。杨氏姊妹荒淫无耻的生活，使杜甫难以忍受了，他毫无顾忌地写出《丽人行》，描画她们丑恶的行为。

这是杜甫在长安真实的收获：他的步履从贫乏的坊巷到贵族的园林，从重楼名阁、互竞豪华的曲江到征人出发必须经过的咸阳桥，他由于仕进要求的失败认识了这个政治集团的腐败，由于自身的饥寒接触到人民的痛苦。

在个人的贫穷与时代的痛苦一天比一天加深的时期，却有一个朋友能使他暂时笑破颜开，有时甚至恢复早年的豪兴，这个朋友是我们前边提到的郑虔。郑虔懂得天文地理、国防要塞，还精通药理，著有《天宝军防录》《荟萃》《胡本草》等书；能够写字、绘画、作诗，曾题诗在自己的画上，献给玄宗，玄宗在上边题了“郑虔三绝”四个字。他并且理解音律，潇洒诙谐。天宝初年为协律郎，有人告发他私撰国史，被贬谪。750年回到长安，玄宗给他一个闲散的、无所事事的职位，广文馆博士，后又改充著作郎。可是他的著述和作品并没有一件流传下来，只是《全唐诗》里存有他一首并不高明的五言诗《闺情》。他多才多艺，却缺乏崇高的品质，安史乱中，被敌人捉到洛阳，虽然没有显著地投敌，可是也和敌人发生些不清不白的关系。但他在杜甫的朋友中占有重要的地位。安史之乱后，郑虔被贬为台州司户，杜甫怀念他的诗都十分动人，可以与怀念李白的诗并读。他和李白对于杜甫的生活与性格都产生过一些影响，如果说李白曾经使杜甫的胸襟豪放，那么郑虔则以他的聪颖启发了杜甫的幽默感。杜甫贫困到不能忍受时，他有时发出悲愤反抗的声音，有时也消极地用一两句幽默来减轻痛苦的重担。这是一种逃避的心情，这心情杜甫在郑虔的面前最容易流露，在多么困苦的境遇里，只要见到郑虔，他便能在诙谐的言谈中暂时得到安慰。753年八月，长安霖雨成灾，米价腾贵，政府从太仓里拨出十万石米减价粜给市民，每人每天领米五升，一直延续到第二年的春天。杜甫也属于天天从太仓里领米的人。可是他得到一点钱就去找郑虔，二人买酒痛饮，饮到痛快淋漓时，杜甫仍不免有这样深沉的、悚然的感觉——

清夜沉沉动春酌，灯前细雨檐花落；但觉高歌有鬼神，焉知饿死填沟壑。（《醉时歌》）

这说明那久已收敛的豪情虽然能够得到一度的发作，但眼前的饥饿究竟是铁一般的现实，无论如何也不能摆脱。

这年，从前和杜甫在山东一起游猎的苏源明也到了长安，任国子监司业。他和杜甫、郑虔常常在一起饮酒论文，成为亲密的朋友；后来苏郑在764年（代宗广德二年）先后死去，杜甫在成都听到这个消息，作诗哀悼他们，一开端就这样说：

故旧谁怜我？平生郑与苏。（《哭台州郑司户苏少监》）

751年（天宝十载）以前，杜甫在长安和长安附近流浪，并没有一定的寓所，居住的多半是客舍。751年以后，他的诗里才渐渐提到曲江，提到杜陵，他的游踪也多半限制在城南一带。长安以北直到渭水南岸是禁苑，供皇帝游猎；城南是山林胜地，许多贵族显宦在那里建筑他们的别墅园亭，从城东南角的曲江越过城外的少陵原、神禾原，一直扩张到终南山。那一带的名胜，如樊川北岸的杜曲、韦曲、安乐公主在韦曲北开凿的定昆池、韦曲西的何将军山林，以及皇子陂、第五桥、丈八沟、下杜城……这些地名都在杜甫长安后期的诗中出现了。由“寸步曲江头”和“贫居类村坞，僻近城南楼”那样的诗句我们可以揣想，杜甫在751年后已经在曲江南、少陵北、下杜城东、杜陵西一带地方有了定居，并且此后也起始自称为“少陵野老”“杜陵野客”或“杜陵布衣”。至于他的妻子从洛阳迁到长安，大半在他有了定居以后，754年的春天。

他的长子宗文可能生于750年，次子宗武生于753年的秋天，至于后来在奉先饿死的幼儿这时还没有降生。一家数口来到长安，他的负担更重了，加以几年来水旱相继，关中大饥，他在杜曲附近虽然有些微薄的“桑麻田”，也无济于事。这年秋天雨不住地下，四海八荒被一片无边无际的雨云蒙盖着，延续了六十多天。物价暴涨，人们也顾不得将要来到的冬寒，为了解除目前的饥饿，都把被褥抱出来换米。杜甫在这无望的景况中，举目泥泞，不能出门，索性把家门反锁起来，一任孩子们不知忧虑地在雨中游戏。院中的花草都在雨中烂死了，只有他在阶下培种的决明子格外茂盛，绿叶满枝好像是翠羽盖，开花无数正如他身边所缺乏的黄金钱。

在这样的情形下，他的家属在长安没有住满一年便住不下去了，秋雨后，他不得不把妻子送往奉先（陕西蒲城）寄居，奉先令姓杨，或许是他妻家的同族。他本人仍然回到长安。同时他的舅父崔顼任白水尉，白水是奉先的邻县，从此他就常常往来于长安、奉先、白水之间。

到了755年的十月，除去中间回了几趟洛阳，他在长安已经整整九年，也许是他上左丞相韦见素的诗发生了作用，被任河西县尉。当时的县尉，可以说是使一个有良心的诗人最难忍受的职位。高适任封丘尉时，有几句诗写县尉的生活非常沉痛：

> 只言小邑无所为，公门百事皆有期；拜迎官长心欲碎，鞭挞黎庶令人悲。（高适《封丘作》）

杜甫在长安与高适重逢，也曾经为他欣幸，因为他脱身县尉，再也用不着鞭打人民了。如今他绝不愿蹈高适的覆辙，去过逢迎官长、鞭打人民的生活，他虽然贫困，虽然四十四岁了还没有一个官职，他却不加考虑便拒绝了这个任命。他辞却河西尉，改就右卫率府胄曹参军，任务是看守兵甲器仗，管理门禁锁钥，职位是正八品下。

他决定接受这个职务后，又到奉先去探视一次妻子。这正是唐朝成立以来统治集团的奢侈生活与人民所受的剥削都达到前所未有的高点的时刻，随着频年的水旱成灾，人民的生活比起开元时代好像翻了一个大筋斗，贫富的悬殊一天比一天尖锐。杜甫在十一月里一天的夜半从长安出发，当时百草凋零，寒风凛冽，手指冻僵，连衣带断了都不能结上。他如今有了这么一个小小的官职，可以说是长安九年内不断地献赋呈诗所得到的结果，他一路上便把这些年的生活总括起来检讨了一遍。他想起他在长安内心里常常发生的冲突，他本来可以像李白那样，遨游江海，潇洒送日月，但他关心人民，希望有一个爱护人民的政府，他把这希望完全寄托在皇帝身上，所以他舍不得离开长安，他觉得自己好像倾向太阳的葵藿，本性不能改变。如今头发白了，身体衰弱了，当年以稷契自命，如今获得的职务只不过是在率府里看管兵器。至于他所倾向的“太阳”呢？——他走过骊山下，天已破晓，他知道，玄宗正在山上的华清宫里避寒，在歌舞声中尽情欢乐，把从民间搜刮来的财物，任意赐予，他追究这些财物的来源是——

彤庭所分帛，本自寒女出。鞭挞其夫家，聚敛贡城阙。（《赴奉先咏怀》）

而杨贵妃与杨氏姊妹饮馔的丰美，使他不禁想起长安街头的饿殍，心头涌出来这千古的名句：

朱门酒肉臭，路有冻死骨。（《赴奉先咏怀》）

门内门外，而咫尺之间竟有这么大的不同，想到这里，他或许会感到这个局面再也不能继续下去了，但他当时并不知道，安禄山已经起兵范阳，而唐代的社会从此便结束了它的盛世，迈入了坎坷多难的时期。他转北渡过渭水，到了奉先，一进家门便听见一片号咷的声音，原来他未满周岁的幼儿刚刚饿死。邻居都觉得可怜，做父亲的哪能不悲哀呢？但是杜甫的悲哀并不停滞在这上边，他想，他自己还享有特权，既不纳租税，也不服兵役，如今世界上不知有多少穷苦无归与长年远戍的人，他们身受的痛苦不知比自己的要多多少倍！想到这里，他的忧愁已经漫过终南山，弥满天下了。

他把从长安出发到奉先这段路程的经历和感想写成《自京赴奉先县咏怀五百字》。这是一篇杜甫划时代的杰作，里边反映出安史乱前社会的实况，反映出杜甫内心的矛盾与他伟大的人格；这也是杜甫长安十年生活的总结，从这里我们知道，杜甫无论在思想的进步上或艺术的纯熟上都超越了他同时代的任何一个诗人。

他再回长安，在率府里工作没有多久，安禄山就打到洛阳，在756年正月自称大燕皇帝，杜甫在长安沦陷前的一个月离开了长安。

流亡

从755年（天宝十四载）十一月安禄山在范阳（北京附近）起兵，到763年（代宗广德元年）正月史朝义吊死在温泉栅（河北滦县南）的林中，安史之乱整整延续了七年零三个月。这变乱发生在唐中叶，给唐代划分成两个截然不同的时代，政治和经济都起了剧烈的变化：政治上，李氏的朝廷对内丧失了中央集权的统治力量，对外再也抵制不住强悍的外族的入侵；经济上，由于连年的战乱，生产力大大降低，而政府对于人民的剥削反倒有加无已，致使社会的贫困一天比一天加深。这一切都反映在杜甫的诗中，杜甫也在这些诗里发扬了他爱祖国、爱人民的精神；此后唐代的诗歌便脱去了彩色斑斓的浪漫的衣裳，有一部分走上现实主义的朴质的道路。

安禄山和史思明虽然是玄宗派往镇守东北边疆的节度使，但他们都是外族：安禄山的父系是中亚月氏族，史思明是突厥种，他们的部下大部分也是胡人。所以安史之乱，从他们的官职来讲，是一种内乱，从他们和他们部属的出身来看，本质上是种族的斗争。[7]这时国内因为数十年太平无事，人民不知刀兵，兵器在各地的府库里都生了锈；全国的兵力只是长期屯在西北的边疆，防御吐蕃。所以安禄山在范阳起兵，长驱南下，不满两个月便攻下洛阳。就是封常清、高仙芝那样的大将，也都败的败，逃的逃，无法抵制胡人的攻势。幸而到了洛阳，安禄山便忙着做大燕皇帝，他的军队虽已逼近潼关，却不曾积极进攻。杜甫在756年五月，从奉先带领着一家人到了白水，寄住在他的舅父崔顼的高斋中。他眼前还是平静的泉声松影，可是他觉得山林中仿佛有兵气弥漫，水光里闪烁着刀锋。这时哥舒翰正统领二十万河陇的士兵扼守白水以南的潼关，杜甫的朋友高适也在军中。杜甫对哥舒翰有相当的信任，他认为在潼关前胡羯并不是抵御不住的强敌，因为正月间安禄山的儿子安庆绪初次攻打潼关时，曾经被哥舒翰击退。但事实上哥舒翰疾病多年，智力衰竭；监军李大宜与将士终日饮酒赌博，使娼妇们弹奏箜篌琵琶取乐；士兵连吃饭都吃不饱。所以在六月里哥舒翰出关反攻，在灵宝西原与崔乾祐军会战，三天的工夫二十万人便全军溃败，六月九日潼关失守，附近各地的防御使都弃职潜逃。白水自然也沦陷了，杜甫在局势急骤的转变中开始了流亡的生活。

于是我们看见这唐代最伟大的诗人，掺杂在流亡的队伍里，分担着一切流亡者应有的命运。这次逃亡，起于仓促，人人争先恐

7　陈寅恪在《唐代政治史述论稿》上篇关于这个问题研讨甚详，这里是根据他的结论。

后，杜甫由于过分的疲劳，陷在蓬蒿里不能前进。这时和他一同逃亡的表侄（他曾祖姑的玄孙）王砅已经骑马走出十里，忽然找不到杜甫，于是呼喊寻求，在极危急的时刻把自己乘用的马借给杜甫，他右手持刀，左手牵缰，保护杜甫脱离了险境。十几年后杜甫在潭州遇到王砅，回想过去这一段共患难的生活，他觉得，当时若没有王砅的帮助，也许会在兵马中间死去了。他向王砅说："苟活到今日，寸心铭佩牢！"后来他与妻子会合，夜半经过白水东北六十里的彭衙故城，月照荒山，女儿饿得不住啼哭，男孩只采摘路旁的苦李充饥。紧接着是缠绵不断的雷雨天气，路径泥泞，没有雨具，野果是他们的糇粮，低垂的树枝成为他们夜间寄宿的屋椽。走过几天这样的路程，到了离鄜州不远的同家洼，友人孙宰住在这里，当他在黄昏敲开孙宰的门时，面前展开了一幅亲切而生动的画图：主人点起灯烛迎接这一家狼狈不堪的逃亡者，立即煮水给行人洗脚，还忘不了剪些白纸条儿贴在门外给行人招魂。两家妻子彼此见面，主人预备了丰富的晚餐，把睡得烂熟了的孩子们也叫醒来吃。这段遇合，杜甫在一年后写在《彭衙行》里，真实而自然，和他后来许多五言古诗一样，作者高度地掌握了这种诗的形式，发挥他写实的天才，无论哪一代的读者都能在里边感到一片诚朴的气氛，诗中人物的一举一动，一言一笑，都历历如在目前。

他在同家洼休息了几天，把家安置在鄜州城北的羌村。由于长期的霪雨，鄜州附近的三川山洪暴发，淹没了广大的陆地，远方是兵灾，眼前是洪水，他喘息未定，听到的是万家被难的哭声。

当杜甫从白水到鄜州在起伏不断的荒山穷谷里奔波时，玄宗也在六月十二日夜里，隐瞒着长安的人民，带着他的贪污宰相和贵妃走出延秋门，逃往西蜀。中间经过马嵬坡事变，等到七月十三日，太子李亨（肃宗）即位灵武，在草莽中开辟朝廷，受不满三十人的文武官员朝贺时，杜甫早已到了羌村。他听到这个消息，立即把复兴的希望寄托在李亨身上。八月洪水落后，他便只身北上延州（延安），想走出芦子关（陕西横山县附近），投奔灵武。可能他刚一起程，胡人的势力便膨胀到北方，鄜州一带，陷入混乱状态。他一家经过了这么多的跋涉艰难，终不免沦入胡人的势力范围。他在路上，不能进也不能退，被胡人捉住，送到沦陷的长安。也许因为他当时既没有地位，也没有声名，胡人并没有把这年龄才四十五岁便已满头白发、未老先衰的诗人看在眼里。他在长安没有受到严格的俘虏待遇，也没有和长安一般的官吏一样被送到洛阳，逼使投降。但他自己也设法隐避，下了一番主观的努力，才能使敌人不注意他，所以史书里这样称赞他，“数尝寇乱，挺节无所污”。

不过两三个月，这雄壮整饬的京城完全失却了它往日的面目：旧日统治者的宫殿府邸，有的被焚烧，有的住满了胡人。宗室嫔妃以及跟随玄宗入蜀的官员们留在长安的家属都一批一批地被杀戮，血流满街，婴儿都不能幸免。但偶然也有杀剩下的“王孙”，隐藏在荆棘丛中，再也不能享受“朱门”里的生活，想卖身给人做奴隶都不可能。胡兵胡将，彼此庆祝成功，把御府里多年从民间搜刮得来的珍宝用骆驼运往范阳。杜甫旧日的朋友和他投赠过的达官贵人自然也都星散了：有的随着玄宗投往西蜀（如韦见素、房琯），有的被虏到洛阳（如王维、郑虔、储光羲），有的投降了（如哥舒翰、张垍）。只有长安的人民，终日过着水深火热的、恐怖的生活。

胡人刚入长安时，声势浩大，兵力所及，往北过了鄜州，往西到达陇山。玄宗受了四十几年人民的供养，在临危时率领着他的左右亲近逃掉了，抛下了走不动的人民日夜受着胡人任意的摧残。长安附近的人民担受不起胡人的骚扰，就自动组织游击队伍，反抗胡人，这里受了挫折，那里又起来，使胡人的势力范围渐渐缩小，北不过云阳（陕西泾阳北），西不过武功。这对于唐军的反攻是一个有力的声援，使长安人民时常互相惊呼："官军到了！"事实上，反攻的实力也在逐渐南移。八月里郭子仪与李光弼率领着牵制胡人后方、在河北收复了许多郡县的朔方军回到灵武，肃宗才获得一批基本的军队，九月把政府迁移到顺化（甘肃庆阳），接受玄宗遣派韦见素与房琯从成都送来的宝册，十月迁至彭原（甘肃宁县），派房琯率兵收复两京。房琯是一个善于慷慨陈词而不务实际的读书人，他把军队分成三路进攻，中路和北路于十月二十一日在咸阳东的陈陶斜与安守忠交战，一天内全军覆没，四万人的血染红陈陶广泽，逃回去的不到几千；南路于二十三日又在青坂大败，裨将杨希文、刘贵哲都投降了敌人。胡人凯旋，在长安市上痛饮高歌，这使长安的人民多么痛苦，多么失望！杜甫亲眼看见这个景象，写出两首名诗，一首是《悲陈陶》：

孟冬十郡良家子，血作陈陶泽中水；野旷天清无战声，四万义军同日死。群胡归来血洗箭，仍唱夷歌饮都市；都人回面向北啼，日夜更望官军至。

在另一首《悲青坂》里他说，人们虽然盼望官军，反攻却要等待条件的成熟，不要焦急：

焉得附书与我军，忍待明年莫仓卒！

杜甫在胡人中间，终日密切注意长安以外敌我势力的消长，以及山川的形势。他觉得陈陶战败，只是反攻中的一个挫折，不发生决定作用。重要的反倒是人们不注意的、远在延州以北的芦子关。边兵都调去东征，那里防守空虚，万一在山西的胡将史思明与高岩秀乘人不备，向西攻入芦子关，就可以直捣反攻的根据地。他苦心焦虑，为迢迢数百里远的芦子关警惕着，他说：

芦关扼两寇（史与高），深意实在此。谁能叫帝阍：胡行速如鬼！（《塞芦子》）

他困居长安，从秋到冬，从冬到春，除去为国家焦愁外，自然也时常怀念他的家属：远在钟离（安徽凤阳附近）的韦氏妹、滞留平阴（在山东）的弟弟、鄜州的妻子。他长久得不到家中的消息，并且听说胡人到处残杀，一直杀到鸡犬。他寄给他弟弟的诗里说：

生理何颜面？忧端且岁时！两京三十口，虽在命如丝。

（《得舍弟消息》之二）

他在月下怀念他的妻子：

今夜鄜州月，闺中只独看。遥怜小儿女，未解忆长安。香雾云鬟湿，清辉玉臂寒。何时倚虚幌，双照泪痕干？（《月夜》）

他个人的生活与心境充分表达在那首人人熟悉的《春望》里面：

国破山河在，城春草木深。感时花溅泪，恨别鸟惊心。烽火连三月，家书抵万金。白头搔更短，浑欲不胜簪。

在这样的春天，他有时潜行曲江，看见细柳新蒲又发出嫩绿，但是江头的宫殿都紧紧关闭着，由于眼前的萧条想到当年的繁华，在胡骑满城的黄昏，写成一首《哀江头》，给曲江唱出哀婉动人的挽歌。事实上，曲江从此也衰落下去，失却了它旧日的风光，直到835年（文宗太和九年）人们重新疏浚池沟，修建亭馆，但无论如何，也唤不回来开元天宝时期的盛况了。

757年正月，安禄山被他的儿子安庆绪与严庄、李猪儿合谋杀死；二月，肃宗从彭原南迁凤翔。由于这两个事件，情势有了转变：一些被胡人俘往洛阳的官吏都偷偷地回到长安；而许多沦陷在长安的人又设法走出长安，逃往凤翔。当杜甫正在计划逃往凤翔时，郑虔从洛阳回来了。这位“广文先生”被胡人任命为水部郎中，托病没有就职；如今回到长安，在他的侄子郑潜曜的池台中与杜甫相遇，二人悲喜交集，春夜里又一同饮酒舞蹈，但是情调和三年前领太仓米时迥乎不同了。最后杜甫终于成行，行前他在怀远坊的大云经寺里住了几天，躲避胡人的耳目，寺里的僧人赞公曾经赠给他细软的青履与洁白的氎巾。四月里的一天他走出城西的金光门，奔向凤翔。这回出奔，他冒着很大的生命的危险，因为那时有一股胡人在安守忠与李归仁的率领下从河东打到长安的西边，屯兵清渠，与灞桥的郭子仪军相持。他穿过两军对峙的前线，不能走大道，只有在山林中间，选择无人的崎岖小路前进。他随时都要担心被胡人捉住，自己觉得像是暂时存在着的人，走一刻便算是活了一刻。走到望见了太白山上的积雪，快到武功时，才渐渐脱离了危险，他把当时的心境写在这样的诗句里：

生还今日事，间道暂时人。（《自京窜至凤翔喜达行在所》之二）

又说：

死去凭谁报？归来始自怜。（《自京窜至凤翔喜达行在所》之三）

一年后他离开长安赴华州，再出金光门，还提到逃亡时提心吊胆的情形：

此道昔归顺，西郊胡正繁。至今犹破胆，应有未招魂！（《至德二载甫自京金光门出间道归凤翔乾元初从左拾遗移华州掾与亲故别因出此门有悲往事》）

他到达凤翔，衣袖残破，两肘露在外边，穿着两只麻鞋，拜见肃宗。五月十六日肃宗派中书侍郎张镐传命杜甫，任杜甫为左拾遗。左拾遗是一个“从八品上”的官职，职务是供奉皇帝，看见皇帝的命令有不便于时、不合于理的，就提出意见，同时还有举荐贤良的责任。这是一个相当重要的职务，却由一个“从八品上”的官员充当，好像是一种讽刺，这说明皇帝并不需要什么真正的谏臣，这只不过是他身边的点缀。但杜甫一得到这个职位，便卷入一件长期的政争里，这事影响他后半生的生活，后来他寄居秦州，滞留西蜀，都和这件事有直接或间接的关系。房琯自从陈陶败后，本应论罪，由于李泌的营救，肃宗仍然叫他做宰相。他有丰富的感情，喜好宾客，诗人贾至、后来与杜甫有密切关系的严武都和他有深厚的交谊。他崇尚虚名，好发议论，不切实际，是当时知识分子中的一个典型。政府里有另一派官僚，如贺兰进明、崔圆等，专门在个人的利益上做打算，都和房琯结怨，在肃宗面前说了许多不利于房琯的话。房琯常称病请假，不理政务，终日只谈论着佛家的因果与道家的虚无；同时又嗜好鼓琴，谣传他门下的琴工董庭兰往往收人贿赂，作为朝官与房琯会面的媒介，更构成他的罪名。因此他渐渐被肃宗嫌厌，张镐尽量给他辩解，也没有效果，他终于在五月被贬为太子少师。杜甫受命左拾遗时，这房琯事件正发展到最紧张的阶段。杜甫只看到房琯少年时享有盛名，晚年成为“醇儒”，每每谈到国家的灾难，就义形于色，而没有看到房琯不切实际的工作态度，同时又觉得那些攻击房琯的人行径更为卑污，于是他就执行拾遗的职权，不顾生死，上疏援救房琯。措辞太激烈了，引起肃宗的愤怒，肃宗令韦陟、崔光远、颜真卿审讯杜甫。审讯后，韦陟说杜甫的言辞虽然狂妄，但不失谏臣的体统，于是肃宗对韦陟也表示不满。幸有张镐营救，才在六月一日，宣告无罪。

凤翔一带常有胡人的间谍出没，成为严重的问题。有侍御吴郁，每逢处理间谍时，必认真剖析，分辨黑白，因此得罪了权贵，被肃宗贬往长沙。杜甫本来应该替吴郁辩白，但刚刚受了房琯事件的打击，只有任凭他含冤受贬，不敢多说一句话。后来他在从秦州到同谷的途中，路过吴郁的故乡两当县，访问吴郁的空宅，深深感到良心的谴责，他说：“相看受狼狈，至死难塞责。”虽然如此，他并不甘心做一个空头的拾遗，他在讽谏上受了挫折，举荐贤能的任务他却不肯放弃。这时岑参从酒泉来到凤翔，他便在六月十二日与他的同僚联名推荐。此外他写了不少赠别诗，送郭英乂往陇右任节度使，送杨某出使吐蕃，送友人们到汉中、同谷、武威、河西等处任判官，杜甫都就每个人不同的身世与交谊的深浅来提醒他们在这紊乱时代中应负的责任，并且指出那些地方在国防上或财政上的重要性。

短短的三个多月，杜甫念及两京沦陷，人民痛苦，他忠实于他的职责，肃宗看他并不是一个令人愉快的人物，于是在八月里命他离开凤翔，回鄜州探视妻子。杜甫刚到凤翔时，本可以回家探视，但因为初受拾遗，不忍开口说回家，如今放还，在他政治生活上是一个失败，却给了他一次回家的机会。

这年又是一秋苦雨，直到闰八月初一，才云散天晴，杜甫也在这一天起程北征。当时凤翔的官吏每天只能求得一饱，衣马轻肥当然都提不到，杜甫也置办不起朝服，只穿着一领青袍，并且因为正在准备收复两京，公家和私人的马匹都收入军中，所以我们看见在凤翔城外——

青袍朝士最困者，白头拾遗徒步归。（《徒步归行》）

一路上阡陌纵横，人烟稀少，遇到的不是伤兵，便是难民。经过麟游县西的九成宫，入邠州境，路途更为艰难，以养马闻名的李嗣业正镇守邠州，他向他借得一匹马代步。再往前走，但见猛虎当前，崖石欲裂，山路旁开着今秋的菊花，路上印着古代的车辙。各样无名的山果，有的红如丹砂，有的黑如点漆，他看见自然界里只要是雨露所沾润的草木，不管是甜的苦的，都结了果实，而他自己四十六年的岁月，却依然是毫无成就。在宜君附近玉华宫前的蓬草中，望着这座日渐腐朽的建筑，又感到生命的无常。快到鄜州时，更是一片凄凉的惨景：桑树上鸱鸟哀鸣，草莽中野鼠四窜，夜深时经过战场，寒冷的月光照着死者的白骨。

晚霞绯红，白日沉落天边时，听到一片鸟雀的喧噪，杜甫回到了羌村。经过一年的失散流离，如今活着回来，把走入家门时的景象戏剧地写在三首题名《羌村》的五言诗里：他的妻子看见他，是——

妻孥怪我在，惊定还拭泪。

他的孩子看见他，是——

娇儿不离膝，畏我复却去。

邻人听说他回来了，都爬满墙头，嘘唏感叹。到了夜半以后，还不能入睡，这出乎意料的重逢，使人难以置信，觉得像是在梦里一般。杜甫对这情景写出那常被宋代词人借用的名句：

夜阑更秉烛，相对如梦寐。

第二天早晨，邻家父老都带着酒来看望这一度生死未卜的归人，他们一边倒出酒来一边说：

莫辞酒味薄，黍地无人耕。兵革既未息，儿童尽东征。

这次回家使他写成与《自京赴奉先县咏怀》先后媲美的名篇《北征》。这两篇诗是杜甫的代表作，它们的相同处是同样用高度写实的技巧写出旅途的经历与家境的穷困；不同的地方是前者叙述了大乱前人民的痛苦，社会矛盾的尖锐化，后者则表达了他对于当前局势的意见：他认为自己的军队如调度合宜，足能有充分的力量收复两京，恢复中原，向回纥[8]求援会惹出无穷的后患。——还有一点不同的是前者用了自然平易的语言，读者容易了解；后者的诗句则比较艰深，不是人人所能接近的。虽然如此，《北征》中叙述他回家时家庭情况的那一段，每个读者读了都会惊讶杜甫具有怎样一种卓越的写实的才能：

> 况我堕胡尘，及归尽华发。经年至茅屋，妻子衣百结。恸哭松声回，悲泉共幽咽。平生所娇儿，颜色白胜雪。见耶背面啼，垢腻脚不袜。床前两小女，补缀才过膝。海图（旧衣所绣）拆波涛，旧绣移曲折。天吴（水神，旧衣所绣）及紫凤（旧衣所绣），颠倒在短褐。老夫情怀恶，呕泄卧数日。那无囊中帛，救汝寒凛栗？粉黛亦解苞，衾裯稍罗列。瘦妻面复光，痴女头自栉。学母无不为，晓妆随手抹。移时施朱铅，狼籍画眉阔。生还对童稚，似欲忘饥渴。问事竞挽须，谁能即嗔喝？翻思在贼愁，甘受杂乱聒。新归且慰意，生理焉得说？……

8 回纥，即维吾尔族，在天宝初年击败东突厥，占有广大的领土，东至黑龙江，西至阿尔泰山，成为一强大帝国。它的军事政治的全盛时代延续百年之久，在这百年内和唐朝的关系时而和好，时而敌对。

侍奉皇帝与走向人民

757年（至德二载）闰八月，胡人曾经袭击凤翔，没有成功。九月，肃宗的长子李俶和郭子仪率兵十五万进攻长安，还有四千多强悍善战的回纥兵也帮助唐军作战，由回纥怀仁可汗的儿子领导着。杜甫在北方的羌村听到这个消息，感到无比兴奋，他好像置身于长安人民的中间，准备着欢迎唐军：

喜觉都城动，悲怜子女号；家家卖钗钏，只待献香醪。（《喜闻官军已临贼境二十韵》）

后来唐军在香积寺北沣水的东岸打败胡人，收复了长安，不久洛阳也跟着克复。肃宗在十月里还京，杜甫也和他的家属一起回到长安。

肃宗还京时，御史中丞崔器把那些接受安禄山父子官爵的官员们都召集在含元殿前，叫他们脱去鞋帽，顿首请罪；李俶攻克洛阳后，又运来一大批投降胡人的官员，先在朝堂前请罪，事后一个个都收入牢狱。郑虔和王维也一同被囚在宣阳坊。王维得到他弟弟王缙的营救，说他在洛阳菩提寺里写了一首怀念唐室“万户伤心生野烟”的绝句，赦免无罪；郑虔虽然受安禄山命为水部郎中，却因为他装病没有就任，以次三等论罪，贬为台州司户参军。杜甫到长安不久，郑虔便满头白发走上台州的长途，走的时候太仓促了，都没有得到机会和杜甫话别；在杜甫看来，这个当年共同饮酒、共同高歌的老友只有老死台州，二人不会再有见面的希望。此后他怀念郑虔的诗，和怀念李白的诗一样，每一首都表达了自己是怎样热烈地需要他的友情。第二年春天，他偶然在韦曲东经过郑虔的故居，只看见穷巷静悄，室内的案上还放着干死的代替蜡烛的“读书萤”，回想起二人旧日的哀乐与游迹，他写出这样的诗句：

> 酒酣懒舞谁相拽？诗罢能吟不复听。第五桥东流恨水，皇陂岸北结愁亭。（《题郑十八著作丈故居》）

从757年十一月到758年六月，是杜甫在长安最后一次居留。他仍旧做皇帝的供奉官左拾遗，这时贾至任中书舍人，王维任太子中允，岑参任右补阙，年才三十二岁的严武为京兆少尹兼御史中丞，这些人并肩出入，互相唱和，在“禁掖”里值夜时也常常写诗传递，过着闲散的官吏生活。但是那些唱和诗和朝谒诗在杜甫的诗集里毫无光彩，事实上也不能有什么光彩，里边充满了初唐以来应制诗、奉和诗一向惯用的辞藻，缺乏充实的内容。在这时期杜甫的诗中，我们只能从“明朝有封事，数问夜如何”“避人焚谏草”这样的诗句中想象杜甫不过是一个小心谨慎的官吏。此外他若从北城下朝回来，就是在春风荡漾的曲江头典衣买酒。他这时也写了一些关于曲江的诗，但这些诗与从前的曲江诗相比，既没有天宝末年的《曲江三章》那样的凄苦，也没有《哀江头》那样的沉痛，他在一片花飞的暮春天气，只感到一个庸俗的道理：“细推物理须行乐，何用浮名绊此身？”像“穿花蛱蝶深深见，点水蜻蜓款款飞”“桃花细逐杨花落，黄鸟时兼白鸟飞”这些信手拈来、歌咏自然的诗句，若是在一般唐人的诗集里也许是很好的名句，可是在杜甫许多瑰丽而沉郁的诗篇中，只显得轻飘而悠扬，没有重量。至于“何时诏此‘金钱会’，暂醉佳人锦瑟傍？”这样的思想实在不高明，尤其是在两京收复不久，胡人势力还相当猖獗、长安物价一天比一天高涨的时期。

是凤翔一段的经验给他的教训太大了呢，还是这平静的官僚生活把他的视界只限制在皇帝的周围，而看不见广大的人民呢？他终日只是供奉皇帝，伺察皇帝的颜色，他说，“天颜有喜近臣知”；他把四月里陪着肃宗祭祀九庙，五月端午得到皇帝的赐衣，都看为是无上的光荣。他有时局促到这种地步：官马送还官家，自己又没有马，因此有十天之久不能去看望想去看望的邻近的友人，他说，这既不是爱惜身体，也不是脚力太弱，只怕在街上徒步走路时遇见官长，遭到官长的申斥。他有时自己也深深意识到这可怜的生活：

每愁悔吝作，如觉天地窄。（《送李校书二十六韵》）

可是在这狭窄的天地里，他偶然走到东郊，遇见一匹被兵士遗弃在路旁的瘦马，他也曾联想到人世的困顿，写成一篇《瘦马行》，对瘦马表示无限的同情；他在城南潏水滨听樵夫讲述几只小鹰被白蛇咬死、一只鹘鸟飞来报仇的故事，他也写出一首充满热情的寓言诗《义鹘行》，来激励壮士的肝胆。

虽然如此，杜甫在长安的官吏生活事实上是一天一天地变得狭窄了，若是长此下去，没有一点变动，我们真担心他六七年来开辟的诗的国土会断送在左拾遗的职位上。幸而不久他的生活发生了一个大的变动。

肃宗回到长安后，许多凤翔时代的官吏都或多或少地得到奖励，房琯也被任命为金紫光禄大夫，晋封清河郡公。可是房琯依然是结交宾客，车马盈门，常常称病请假；他空疏而放肆的言论有时传入肃宗耳中，引起肃宗的不满，再加上贺兰进明那些人的毁谤，致使他在六月里被贬为邠州刺史。他的许多朋友也受到牵连。人们说他们终日结党成群，乱发议论。国子祭酒刘秩贬为阆州刺史，京兆少尹严武贬为巴州刺史，曾经给杜甫许多帮助的大云经寺僧人赞公被放逐到秦州，杜甫也离开了皇帝周围的“氤氲香气”，走出一年前曾经经过的金光门，被派到华州去做司功参军，管理华州地方的祭祀、礼乐、学校、选举、医筮、考课等文教工作。从此他再也没有回到长安。

他离开长安时，心境是很凄凉的。他不能“从容陪笑语”供奉皇帝，觉得好像是一个被遗弃的人，所以他在金光门前写出这样的诗句：

> 无才日衰老，驻马望千门。（《至德二载甫自京金光门出间道归凤翔乾元初从左拾遗移华州掾与亲故别因出此门有悲往事》）

他当时只认为这对于他政治的前途是一个打击，但他并没有意识到，他从那狭窄的天地里解放出来了，对于他的诗的发展却是一个大的恩惠：他由此才得到机会，又接近战乱中的人民，认清时代的苦难，因此而恢复并且扩充了他的广大的诗的国土，从一个皇帝的供奉官回到人民诗人的岗位上。

他到华州，正是七月的苦热天气，夜里毒蝎出没，白天苍蝇乱飞，饭都吃不下去，而文书堆案，不容休息，简直要发狂大叫。可是他在华州却办了不少重要的文件：他替华州的郭使君写成《进灭残寇形势图状》，陈述敌我的形势，唐军应该怎样避实击虚，剿灭盘踞邺城的胡人；在《乾元元年华州试进士策问五首》里提出在变乱中关于赋税、交通、征役、币制等等迫切的具体问题，在这些问题里他首先顾虑到的是人民的负担。这时两京收复不久，物价腾贵，米一斗七千钱，长安市上的水酒每斗要三百青铜钱，大路上不是乞丐，便是饿殍。国家的财政支绌到了极点，政府想尽方法，甚至把官爵当作商品出卖，也解决不了当前的困难。这年七月肃宗采用御史中丞第五琦的建议，铸造一当十钱的“乾元重宝”，第二年三月，第五琦入为宰相，又铸一当五十的新币，造成贞观以来不曾有过的通货膨胀。回纥最初派兵帮助唐军反攻长安时，肃宗曾经和回纥约定，若是两京收复，土地人民归唐所有，金帛妇女都任凭回纥抢夺。所以打下洛阳后，回纥在市井村坊间抢掠三天，搜刮走大批的财物；肃宗为了酬答他们的“功劳”，把自己的女儿嫁给回纥可汗，并且每年送绢二万匹。同时吐蕃趁着边疆的防务空虚，占领了西方的一些要塞；后来大食（阿拉伯）也从海路登上南方的海岸，围攻广州。所谓“大唐”，没有几年的工夫，便从征服外族转变为被外族侵略了。在这民生凋敝、外族侵凌的时期，长安是什么情况呢？杜甫也只有在离开了皇帝的“天颜”时才能认识清楚，他后来写了一首《洗兵马》，把当前的政治情况说得很沉痛。他在这首诗里称赞了李俶、郭子仪、李光弼、王思礼、张镐，并且说在这些人的努力下胡人是不难歼灭的。但另一方面，有些事他却不能忍受。他想到那些无功受禄的官僚，他说：

攀龙附凤势莫当，天下尽化为侯王；

尤其是肃宗和他父亲的晚年一样，迷信神仙，国家的灾难还没有消除，各地郡县又争先恐后地呈献祥瑞了：

寸地尺天皆入贡，奇祥异瑞争来送。不知何国致白环，复道诸山得银瓮。

但是人民呢：

> 田家望望惜雨干，布谷处处催春种（春旱不能下种）。淇上健儿（围攻邺城的士兵）归莫懒，城南（长安城南）思妇愁多梦。

这首诗可能是759年（乾元二年）春天在洛阳写成的，王安石选杜诗时，说它是杜诗中的“压卷”。我们现在看来，这首诗反映了杜甫两方面的积极精神，他站在民族的立场上，对于胜利有绝对的信念；站在人民的立场上，他揭露了这个朝廷的种种缺陷。

他在758年的冬末回到洛阳，看望他战乱后的故乡。他在途中，曾与诗人孟云卿相遇。孟云卿是元结的朋友，他们同样是反对诗歌中的形式主义，要把诗引到现实主义的路上的人。可惜他们的诗写得并不很好，他们的理论流传下来的也不多，所以在“光芒万丈”的杜甫的诗的照耀下，他们的作品无论是质或量都显得很单薄。但是他们的作用还是值得肯定的，他们推动了诗歌的进步与发展，影响了中唐的诗人。杜甫在晚年想到孟云卿时，他这样说：

> 李陵苏武是吾师，孟子论文更不疑。（《解闷》十二首之五）

杜甫在路上与孟云卿意外相遇，感到极大的快乐，二人宴饮终宵，在他们的谈话中总不免要谈论到文学上一些新的趋向。

他回到洛阳，已经是春天了，看见故园的花鸟依旧，但是人烟断绝，眼前一片荒芜。除去前边提到的《洗兵马》外，他这时写出不少五言诗，用自然生动的语言表达真实的情感与情景。他向他远在济州的弟弟说：

汝书犹在壁，汝妾已辞房；旧犬知愁恨，垂头傍我床。（《得舍弟消息》）

他哀悼战乱中死在河北的从弟：

面上三年土，春风草又生。（《不归》）

他遇到他青年时的朋友卫八处士，写成《赠卫八处士》，叙述二十年老友重逢时的情景，朴实而活泼，真切而自然，作者用净洁的语言，画出极生动的生活素描，里边又孕育着丰富的情感。从这时起到年底他到了成都为止，他这一年内的作品十分之九都是五言诗，这些五言诗是《彭衙行》与《北征》的继续发展，其中有的反映出人民的痛苦，有的刻画出祖国险要的山川，是杜甫诗的艺术里一个伟大的成就，这成就集中在一座高峰上：是他从洛阳回到华州时在路上写的“三吏”和“三别”。

安庆绪退出洛阳后，窜入相州（治所在今河南省安阳市），虽然党羽离叛，却还据有六十郡县，兵甲粮资也相当丰富。758年九月，郭子仪、李光弼、王思礼等九节度使率兵二十万讨伐安庆绪，十一月围攻相州。次年二月，史思明派兵援救安庆绪；三月三日，唐军大败。战马万匹只剩下三千，甲仗十万几乎全部丧尽。郭子仪带着他的朔方军退到河阳，保卫东京。杜甫到洛阳时，一路上相当安定，城市也恢复了旧观，可是相州唐军败后，洛阳一带又骚动起来，市民逃入山谷，当年攻击房琯、现任东京留守的崔圆与河南尹苏震等都纷纷跑到襄州、邓州。杜甫也在这时离开洛阳回到华州。在他回华州的路上，一切与两月前迥乎不同了，到处呈现出紊乱与不安。他经过新安、石壕（河南陕县东）、潼关，所接触的都是些老翁老妪、征夫怨妇的愁眉苦脸，在官吏残酷的驱使下担受着无处申诉的痛苦。杜甫把他看到的、听到的、亲身经历的人民的悲剧凝结成《新安吏》《石壕吏》《潼关吏》《新婚别》《垂老别》《无家别》六首诗。

这六首诗自成一组，是杜甫诗中的杰作，从白居易开始就不断被人称赞为诗的模范，它们继承了《诗经》、汉乐府的传统，影响了后代的进步诗人；杜甫自己对于这一段的创作生活也是肯定的，他晚年在夔州说过，“忆在潼关诗兴多”。这六首诗不只单纯地反映了人民的痛苦，而且更深刻地表达了作者内心的矛盾。这矛盾并不像长安时代的诗里所说的杜甫个人入仕与归隐两种心情的冲突，而是在封建社会里一个爱人民、爱祖国的诗人在人民与统治者中间感到的剧烈的冲突。国家受胡人的侵略，人民受胡人的摧残，要想救国家、救人民，杜甫只有把一切的希望寄托在李氏朝廷上，在他的时代里他不可能对于帝王制度有所怀疑。但他拥护的朝廷，平常是剥削人民的，到了国难时期，既不能发动人民抵抗胡人，也不肯放弃一些自己的特权，反倒更无限制地向人民搜刮物资，乱征兵役。在这中间一个正直的诗人自然要感到极大的矛盾：若是强调人民的痛苦，反对兵役，就无法抵御胡人；但是人民在统治者残酷的压迫与剥削下到了难以担受的地步，他又不能闭上眼睛不看，堵住嘴不说。所以这六首诗与长安时代的《兵车行》不同了，他写《兵车行》时只是站在人民的立场，反对侵略战争，这时他除去替人民诉苦外，还不得不考虑到国家和民族所面临的严重的危机。

唐代人口的数目据说在754年（天宝十三载）达到最高点，这年户部呈报的全国郡县的人口总数是五千二百八十八万四百八十八人，但是和中国现在人口的数目相比，还不到十分之一。经过五年的战乱，人口自然减少了，尤其是河南、陕西一带，壮丁更为缺乏。壮丁缺乏，既影响战争，又影响生产。唐军自从相州溃败后，军队急需补充。在补充军队时，那些一向当惯了统治者的爪牙的吏役们为了拼凑兵额，任意捕捉，不顾民情，做出许多残酷的事，使荒凉萧条的东京道上呜咽着使人难以忍受的哭声，这现象便反映在杜甫的这六首诗里。杜甫离开洛阳，路过新安，听到一片乱嚷嚷的点兵的声音，可是新安的县份小，成丁没有了，只好征用十八岁的“中男”，他亲眼看见一群孩子被赶入军中，是这样凄惨：

> 肥男有母送，瘦男独伶俜（孤单）。白水暮东流，青山犹哭声。莫自使眼枯，收汝泪纵横！眼枯即见骨，天地终无情。（《新安吏》）

但是杜甫一转念，想到抵御胡人是人民应有的职责，于是立即转换口气来安慰这些青年：

> 就粮近故垒，练卒依旧京（只屯驻洛阳）。掘壕不到水，牧马役亦轻（工作不重）。况乃王师顺，抚养甚分明。送行勿泣血，仆射（指郭子仪）如父兄！（《新安吏》）

他在路上又看到一个老人，子孙都阵亡了，如今也被征去当兵，老妻卧在路旁啼哭，她知道他这一去不会再有回来的希望；还有新婚的少妇，晚间结婚，第二天早晨丈夫便被召去守河阳，她自己觉得嫁给征夫，不如委弃在路旁；还有从相州战败归来的士兵，回到家中，但见园庐被蒿藜埋没，当年同里的人们不是死了化为尘泥，便是东西分散，没有消息，当他背起锄头要去耕种久已荒芜的园畦时，县吏听说他回来了，又把他叫回去在本州服役。这三个人，杜甫都分别为他们写了一首诗，用他们自己的口吻，诉说他们自身的痛苦，但是诉苦诉到极深切的时刻，一想到国家的灾难，便立即转变出振奋的声音。老翁说：

> 万国尽征戍，烽火被冈峦。积尸草木腥，流血川原丹。何乡为乐土，安敢尚盘桓？弃绝蓬室居，塌然摧肺肝！（《垂老别》）

新婚的女子在她缠绵的别语中也勉励她的丈夫：

勿为新婚念，努力事戎行！（《新婚别》）

就是那家人丧尽的士兵在他的自述中也是一方面感到凄凉，一方面安慰自己，虽然又被县吏召去，但是在本州服役，比远征究竟不同。

后来杜甫到了潼关，看见潼关的士兵们又在辛苦地修关筑城，恐怕一旦洛阳失守，潼关受到威胁，这时他还请求潼关吏转告守关的将军，千万不要再学哥舒翰！

总之，杜甫虽看见人民受了这么多统治者给予他们的灾害，但因为胡人的势力又膨胀了，为国家着想，他都按照个别的情况来鼓励他们、安慰他们。只有《石壕吏》一诗是例外。他晚间投宿在石壕村一个穷苦的人家，夜半有差吏敲门来捉人，这家的老翁跳墙逃走了，家里只剩下一个老太婆和一个下衣不完的儿媳带着一个吃奶的孙儿。老太婆和差吏交涉许久，说了许多哀求的话，差吏还不肯让步，坚持要人。最后没有法子，她只有牺牲自己，让差吏把她在当天夜里带走，送到河阳的军营里去。杜甫亲身经历这段故事，他再也不能有什么话来鼓励、来安慰这一家人了，他写出这六首诗里最富有戏剧性的一首，《石壕吏》：

暮投石壕村，有吏夜捉人。老翁逾墙走，老妇出门看。吏呼一何怒！妇啼一何苦！听妇前致词：“三男邺城戍，一男附书至，二男新战死；存者且偷生，死者长已矣。室中更无人，惟有乳下孙。有孙母未去，出入无完裙。老妪力虽衰，请从吏夜归。急应河阳役，犹得备晨炊。”夜久语声绝，如闻泣幽咽。天明登前途，独与老翁别。

这首诗只是客观的叙述，但其中充分表达了作者感到的人民最深的痛苦；它一再被后人传诵，只因为它最真实地告诉我们，过去封建社会的统治者是怎样对待他们的人民。杜甫有这样的成就，完全由于他接近了人民，这是他半年前在长安出入“禁掖”，侍奉皇帝时所想象不到的。

陇右的边警与艰险的山川

759年（肃宗乾元二年）的夏天，关内久旱不雨，田地里一片黄埃，造成严重的灾荒。史思明在相州打败唐军后，杀死安庆绪，回到范阳，自称大燕皇帝，准备攻取河南。杜甫在东京道上，又亲自看到一般的官吏是怎样对待人民，对于当前的政治有了进一步的认识。这一切情形和他所希望的距离太远了。他觉得他在华州做一个司功参军实在没有什么意义，于是在立秋后不久便毅然放弃了这个职位。

他放弃这个职位，表示他对于政治的绝望，但还有更重要的原因，使他不得不这样做。肃宗在738年（开元二十六年）立为太子，并不是出于玄宗的本意，李林甫、杨国忠也都时常要破坏他的皇位继承权，他的地位是极端不稳固的。后来肃宗由于马嵬坡之变，分得一部分兵力，北上灵武，宦官李辅国才劝他继承帝位。李辅国也就成为拥戴肃宗的功臣，因此他日渐跋扈，专揽政权，无论大事小事，都要经过他的决定才能执行。肃宗事前没有得到玄宗的同意，先在灵武即位，已经内疚于心，以李辅国为首的拥戴肃宗的官僚集团便利用这个机会，一方面挑拨肃宗和玄宗的感情，加深他们父子间的矛盾；另一方面攻击玄宗旧日的官吏，制造出激烈的党争。房琯是玄宗的旧臣，又一度被肃宗信任，而且他自高自大，更成为这个集团攻击的目标。所以他在凤翔、长安一再遭受打击。杜甫属于他的一党，随着他的失败，杜甫在政治上也丧失了出路。他的“弃官”虽说是主动的，但其中也存在着不得不如此的苦衷。

这在他个人的生活上是一个大的转变。他从此不但离远了他十几年依恋不舍的长安，并且和他爱好的故乡洛阳也永久别离了。他在756年的春天在率府里管理了几个月的兵甲器仗，从757年的五月到758年的六月在肃宗身边做了一年的左拾遗，再加上不到一年的华州司功，他一生实际的政治生活——除去后来在成都严武的幕中工作一个短时期外——断断续续的一共不过两年半。在这些职位上他已经做了很大的努力，可是在政治的逆流中他不可能发挥任何作用。所以他在《秦州杂诗》里说：“唐尧（指肃宗）真自圣，野老（杜甫自称）复何知？”这是他受了许多打击以后所表示的失望的心情。

他放弃了做官，对当前的政治感到失望，而且在《遣兴》五首里歌咏了一些所谓高蹈的人物，如不入州府的庞德公、避俗的陶潜、“上疏乞骸骨”的贺知章与布衣终身的孟浩然，但他并没有放弃对祖国与对人民的热烈的关怀。

相州败后，河南骚动，杜甫不能回洛阳的老家，又没有钱居住生活昂贵的长安；这时因为他的从侄杜佐在秦州东柯谷盖了几间草堂，僧人赞公也在秦州西枝村开辟了几座窑洞，他就决定把一家人搬到秦州去住。秦州（甘肃天水）是陇右道东部一个重要的城市，位置在六盘山支脉陇山的西边。陇山高约二千多公尺，旧日的记载说，山路九转，越过这座山要用七天的工夫，从东方来的人走到这里常常踌躇不前。秦州就用这座山来迎接杜甫，杜甫也以这座山起始他另一个段落的、别开生面的新诗。他的《秦州杂诗》第一首便这样说：

满目悲生事，因人作远游。迟回度陇怯，浩荡及关愁。水落鱼龙（川名）夜，山空鸟鼠（谷名）秋。西征问烽火，心折此淹留。

这陇山西边的陇右道，从秦汉到唐代，是汉族和少数民族氐羌杂居的区域，每逢战乱时期，这带地方不被本地的土豪割据，便被新兴的外族侵入。唐自从高祖以来，开拓边境，深入西域，在陇右设置了都督府和州县。开元时，又建立朔方、陇右、河西、安西、北庭等节度使，镇压边疆，每年从内地运来大批的壮丁和缯帛，在这里屯田牧马，所以军城烽火，万里不断。等到安史乱起，陇西的精锐都征发东征，留兵单弱，防地空虚，给吐蕃一个很好的侵略机会。

藏族到了第七世纪在藏王弃宗弄赞（松赞干布）领导下从个别

的部落形成统一的王国，吐蕃就是这个王国的名称。641年（贞观十五年）弃宗弄赞和唐朝的宗室女文成公主结婚，此后汉藏两族的经济和文化产生了此前不曾有过的密切的交流，但是在政治上一方面由于唐朝皇帝的开边黩武，一方面由于吐蕃势力的膨胀，彼此的关系是不很正常的：时而互通使节和好，时而爆发残酷的战争。如今这个自称“外甥国”的吐蕃又是一边遣使请和，愿意帮助唐军平乱；一边扩充势力，率众东侵，致使没有几年的工夫，西北州县都落入它的掌握。杜甫三年来在关内河南流离转徙，阅尽人间的疾苦与祖国的不幸，如今越过陇山，不料又接触到国家的另一个危机，这危机的严重性并不下于横行中原的胡羯。我们知道，安史之乱中的许多史实都反映在杜甫的诗中，我们也不可忽略，吐蕃的蚕食在杜甫诗里也留下不少的痕迹。

当吐蕃的势力逼近洮州、岷州时，杜甫到了秦州。两年前，他在凤翔任左拾遗，他已经明瞭西方的情势，并且认识这情势的严重。那时他送长孙九侍御赴武威任判官，就提到——

> 东郊尚烽火，朝野色枯槁；西极（指陇右）柱亦倾，如何正穹昊？（《送长孙九侍御赴武威判官》）

送杜亚赴河西任判官，他说——

> 西极最疮痍，连山暗烽燧。（《送从弟亚赴河西判官》）

武威与河西都在秦州以西，较为辽远，但关于秦州稍南的同谷，杜甫也曾经这样说——

古来无人境，今代横戈矛。（《送韦十六评事充同谷防御判官》）

现在他亲自到了秦州，听到的，时而是川原将要昏黑时的一片鼓角，时而是薄暮中的一声羌笛，时而在雨晴后从戍楼上又发出嘹亮的胡笳；看到的，是降虏千帐，胡人跳着白题斜舞，在黄云白水间羌妇笑语，胡儿行歌。并且羽书往还，络绎不绝，今天在城东楼上望见出使吐蕃的驿使，明天又送人行军，去抵抗吐蕃。“烽火”更是不断地在诗中出现，它有时报警，有时报平安，在“陇草萧萧白，洮云片片黄”的天地间摇动着惨淡的火光。这一切景象衬托出一个紧张的不安的局面。事实上过了不久，秦州便在763年被吐蕃攻陷了。

杜甫在秦州时，秦州还暂时保持着相当的平静，它没有遭受到兵火和灾荒，因此有许多人从东方越过陇山到这里来避难。杜甫最初在城东南五十里东柯谷杜佐家中作过短期的寄居，但他此后大部的时间还是住在秦州城里。他本来计划在秦州住下去，赞公也曾引导他到城南的西枝村寻找建立草堂的基地，可是限于资财，没有成功。他在秦州做客，生活上感到极大的困难。他寄诗给杜佐，希望他分给他一些米和薤菜，隐者阮昉也曾送给他薤菜三十束。可是生活不能完全仰仗他人，他于是又开始他在长安时经营过的卖药生活，来维持他的衣食。我们在他秦州的诗中常常读到关于采药和制药的诗句，并且在太平寺泉水的下流，他也梦想过，如果用这比牛乳还香美的水灌溉出一片繁荣的药圃，该有多么好呢！

然而亲友的帮助与卖药的副业都不能解决他生活的困难，有时无衣无食，口袋里只剩下一文钱了，却不忍用去，为的是留在眼前观赏。他把这种心情写在一首沉痛的诗《空囊》里：

翠柏苦犹食，明霞高可餐。世人共卤莽，吾道属艰难！不爨井晨冻，无衣床夜寒。囊空恐羞涩，留得一钱看。

在饥寒中身体衰弱，疟疾又发作了，每隔一日，便发高度的寒热，自己觉得身上的脂髓都在病中耗尽了。

杜甫穷困到这地步，但他的诗却得到意外的发扬。他这半年内的诗流传下来的约有一百二十首，若是把这些诗从全集中抽出，它们就可以独自成为一集。我们揣想，作者写这些诗是有一定的计划性的。其中除却《同谷七歌》是七言外，都是五言诗，有五古，有五律。这“集子”又可以分为上下两部：上部是从七月到十月在秦州写的，以《秦州杂诗》二十首为主；下部是从秦州到同谷、从同谷到成都旅途上的收获，都是纪行诗。前边说过，杜甫运用五古，无论叙事、抒情、写景，都发挥了五言诗最高的功能，这里他把边疆的危机、山川的形势以及城郭村落、风土人情，都收入雄浑而健壮的诗篇中，在这一点上诚如宋人林亦之所说的，

“杜陵诗卷是图经”。这也是杜甫的一个贡献，如果说从《兵车行》到“三吏”“三别”一系列的诗是卓越地记载了他的时代的、尤其是人民的历史，那么这里的诗便真实地描画了祖国一部分的山川。

他在秦州的诗中叙述了秦州的地理形势：城北寺、南郭寺、深藏数十家的东柯谷、潜通小有天的仇池、太平寺的泉水以及赤谷、崦嵫、西枝村……有些幽静的地方也常常引起他建筑一座茅屋、长此住下去的念头，但是惨淡的烽火与凄切的笳声却使杜甫念念不忘吐蕃的膨胀与回纥的骄横。这年九月，史思明攻陷洛阳，回纥不能帮助唐军抵抗胡人，却留住沙苑（陕西大荔县南），勒索给养，使朝廷难于应付，杜甫在《留花门》诗中说：

胡尘逾太行，杂种（史思明）抵京室（洛阳）；花门（回纥）既须留，原野转萧瑟。

他对于吐蕃的入侵这样说：

警急烽常报，传闻檄屡飞；西戎外甥国，何得迕天威？（《秦州杂诗》之十八）

他在这景况中用一首咏马的诗抒写他的胸怀和志愿：

西使宜天马，由来万匹强。浮云连阵没，秋草遍山长。闻

说真龙种，仍残老骕骦（良马名）；哀鸣思战斗，迥立向苍苍！（《秦州杂诗》之五）

这时他也写了一些怀念友人的诗。他写诗寄给薛据和毕曜、高适和岑参、孟云卿的诗友张彪、与房琯同党的贾至和严武。其中最为杰出的当然是怀念李白的几篇。——在长安初期，杜甫写过几首关于李白的诗，不是“怀”，就是“忆”，这可以说明，自从745年与李白在兖州别后，他没有直接得到过李白的消息。此后李白浪迹江东，十余年音讯隔绝，杜甫在诗中虽有时偶然提到李白，如756年的春天他在长安向薛华说，“近来海内为长句，汝与山东李白好”，但是却没有单独怀念他的诗。756年十二月，永王李璘从江陵东下，要北上抗胡，被苟安江南的官吏李希言、李成式阻住，认为企图夺取肃宗皇位，于第二年二月败死军中。李白因为参加过李璘幕府的工作，逃亡彭泽，随后被捕入浔阳狱，中间曾经一度释放，终不免于758年长流夜郎。这时关于李白变化多端的消息辗转传到杜甫耳中。后来李白泛洞庭，穿三峡，到了巫山，当杜甫由洛阳回到华州时，也就是759年的春夏之交，才因为天旱大赦，中途得救。杜甫刚到秦州，不知道李白遇赦，关于李白的行踪，传述纷纭，生死未卜，有人甚至说他在夜郎途上已经堕死水中。于是这当年共同在梁园醉舞、傍泗水行歌的老友便一连三夜都出现在杜甫的梦中，使杜甫写成了两首最感人的描写梦境的诗，尤其是梦醒后的那一瞬间——

魂来枫林青，魂返关塞黑。落月满屋梁，犹疑照颜色！（《梦李白》二首之一）

这两首诗一再提到“水深波浪阔，无使蛟龙得”“江湖多风波，舟楫恐失坠”，另一首《天末怀李白》里也说“应共冤魂语，投诗赠汨罗”，这都是对于李白的生死表示无限的疑惧和关怀。最后听说李白遇赦了，才有《寄李白二十韵》，这首诗好像在给李白作传，里边写出李白的遭遇、人格，以及在诗歌上特出的成就，并且给这被人误解的诗人做了一些辩白。

与李白同样情形的还有郑虔。郑虔贬为台州司户，和杜甫虽是生离，无异死别；杜甫悬念郑虔和悬念李白一样，他说：

天台隔三江，风浪无晨暮。郑公纵得归，老病不识路。（《有怀台州郑十八司户》）

后来他得到郑虔的消息，知道他在山涧旁耕田，在海角卧病，他觉得他像是一把宝剑埋没在土里，永远没有挖掘出来的希望了。

杜甫在秦州居住不满四月，觅居不成，衣食不能自给，正在走投无路时，同谷县有位“佳主人”来信说同谷可居，辞意恳切，好像曾经相识一般。他又听说同谷附近栗亭的良田里出产薯蓣，可以充饥，山崖里有丰富的蜂蜜，竹林里有新鲜的冬笋，他于是决定离开秦州到同谷去。

杜甫在初冬十月从秦州赴同谷，在同谷停留一月左右，又在十二月一日起程入蜀，年底到了成都。这两段路程都十分艰苦，他给每一段路写了十二首纪行诗，成为两组，每组都有首有尾。从这些纪行诗里边，我们看见诗人除去在饥寒里坚持外，还得与凶险的山川搏斗，走一步克服一步的艰难。他写这些诗，不只用了他的眼，更不只用了他的想象，最重要的是用了他的两只脚；我们可以说，它们是杜甫脚踏实地一步一步走出来的，所以其中没有空幻的高与奇，只有实际的惊和险。第一组的第一篇《发秦州》是一首序诗，它这样开始：

我衰更懒拙，生事不自谋。无食问乐土，无衣思南州。

随即说明为什么要去同谷，为什么要离开秦州，最后用这两句诗作结语：

大哉乾坤内，吾道长悠悠。

他从秦州西南的赤谷起始这段行程，路过铁堂峡、盐井、寒峡、法镜寺、青阳峡、龙门镇、石龛，入同谷界内的积草岭，直到同谷附近的泥功山、凤凰台。杜甫经过这些地方，落日里儿童号饥，寒水中马骨欲折；他在青阳峡里望见——

磎西五里石，奋怒向我落。（《青阳峡》）

在石龛旁听到——

> 熊罴咆我东，虎豹号我西。我后鬼长啸，我前狨又啼。（《石龛》）

在泥泞不堪的泥功山上，杜甫带着他的小队伍——

> 白马为铁骊，小儿成老翁。（《泥功山》）

不但人马如此，就是猴子和鹿也不免要陷溺在泥中。他从赤谷出发时，曾经说，常怕死在中途，永久被“高人”嗤笑。我们读了这些诗，会觉得杜甫说这样的话过于忠厚了，因为事实上没有任何一个人能够嗤笑杜甫，反而是杜甫的坚拔与实际的精神使一切的所谓“高人”都会自惭形秽！并且在这样险恶的山川里，他并没有忘记劳动人民的痛苦：在盐井旁他看见煮盐的工人终日劳碌，给官家制盐，这些盐按官价卖出时每斗卖三百钱，商人一转手每斛（十斗）就卖六千，获得一倍的利润；在野兽出没的石龛下他看见伐竹的人唱着悲歌攀上山峰，给官家采折美箭，如今可用的竹竿都采完了，无法应付官家的索求。他一转念，想到处处都是灾黎，比他更为困苦，他便又像在《赴奉先县咏怀》里所说的一般，他觉得他这一生免于荷役，已经享有特权，所以也就不敢辞避路途的艰难了。尤其是最后的《凤凰台》，是一首和《义鹘行》具有同样风格的寓言诗。凤凰台在同谷东南十里，山势高峻，人不能走到高顶。杜甫说，上边恐怕有无母的凤雏，在严寒中缺乏饮食，他宁愿牺牲自己的生命，把心当作“竹实”，把血当作“醴泉”，来饲养这个瑞鸟。一旦把它养大了，它便会从天空中口衔瑞图，飞入长安，到那时就可以“再光中兴业，一洗苍生忧”了。这是一个崇高的比喻，杜甫想用他的心和血来培养一个复兴的征兆。

第二组和第一组一样，《发同谷县》是一首序诗。这段路途比上一段更多险阻，诗人的眼界也更为扩大。他一起身便得翻渡木皮岭——

始知五岳外，别有他山尊。（《木皮岭》）

夜半渡过水会渡——

回眺积水外，始知众星干。（《水会渡》）

走过飞仙阁的云栈后——

歇鞍在地底，始觉所历高。（《飞仙阁》）

到了绵谷县（四川广元）东北八十二里的龙门阁，这里在陡立的石壁上架着木梁，是阁道中最险的一段，所以杜甫说：

终身历艰险，恐惧从此数。（《龙门阁》）

这些诗句里都提到“始知”“始觉”“从此数”，这足以说明他过去都不曾经历过。等到看见雄壮的剑门，他立即感触到一些现实的问题：他一方面希望政府对于蜀中的财赋不要过于诛求，一方面担忧这里重峦叠嶂的险要太容易引起军阀们割据的野心。最后走上德阳县北的鹿头山，俯望一片原野，险阻从此终止，他也有心情怀念起汉代的诗人司马相如和扬雄了。在一个岁暮的黄昏他到达成都，眼前忽然呈现出一个暂时升平、表面繁荣的都会。

在两段行程中间，杜甫在同谷住了一个月左右，在两组纪行诗中间，他高声唱出来《乾元中寓同谷县作歌七首》。这七首诗突出在这时代的诗中，好像是比木皮岭还要高峻的山峰，杜甫在这里发出来最强烈的呼喊。

从这七首诗里我们知道，他终日拾橡栗充饥，有时到山里挖掘黄精，但雪盛无苗，空着两手回来，儿女饿得只是啼哭；从这七首诗里我们知道，他的三个弟弟杜颖、杜观、杜丰都远在东方，彼此不通消息，他的妹妹在钟离成为孀妇，十年不曾见面；从这七首诗里我们知道，在荒城山湫间白狐跳梁，蝮蛇出没；我们还知道，山里住有一个旧日相识的儒生，他和杜甫见面时只是怀念往日的生活。至于前边说的那位“佳主人”，大概对于杜甫根本没有什么实际的帮助。在这样难以忍受的穷困中，他每逢唱完一首歌，都有一种特殊的感觉，有时悲风为他从天吹来，有时闾里为他惆怅，有时树林中的猿猴为他哀啼，有时也觉得溪壑间仿佛为他透露出一些春的消息。

在杜甫的一生，759年是他最艰苦的一年，可是他这一年的创作，尤其是“三吏”“三别”，以及陇右的一部分诗，却达到最高的成就。这年他四十八岁。

成都草堂

唐代有句俗话说，“扬一益二”，扬是扬州，益是成都，这句话说明在长安、洛阳以外，繁荣的城市除去扬州就要算成都了。当时的西蜀不只有丰富的农产、矿产，手工业也得到高度的发展，像丝织品、纸、大邑的瓷器……都是远近驰名的。它虽然被艰险的山川包围着，却阻止不住国内的和国外的商人们来到这里贩运货物，因此成都便成为一个富庶的城市。安史乱起，中原民不聊生，更加上严重的灾荒，到处都有人吃人的现象，可是西蜀还能保持暂时的安定。唐玄宗曾经一度率领着一批官僚逃到成都，至于一般人民流亡到这里的当然也不在少数，因为大家想，在这夙称富庶的区域，生活比较容易维持。杜甫来到成都，因为他没有吃的，自然要找产粮丰富的区域；没有穿的，自然要找温暖的南方，这正如候鸟在秋天不得不向南飞翔。可是没有几年，剑南的东西两川，内由于地方官吏的跋扈与人民负担的加重，外由于吐蕃的侵扰，这块当时所谓的“乐土”，在大混乱的时代中也不能自居例外，同样陷入一个长期的互相斫杀的局面。

杜甫到成都时，裴冕是成都尹兼剑南西川节度使。裴冕在玄宗时结交王𫟹，晚年在代宗时又攀附李辅国和元载，是一个不择任何手段只求自己升官的官僚，他又是马嵬事变后六次上笺拥戴肃宗即皇帝位的人，就广义上说，正属于房琯和他的友人们的敌党。我们没有充足的理由，同意一些杜诗的注者说杜甫在诗里一再称述的“主人”就是裴冕。但是裴冕的幕中可能有杜甫的友人和亲属，例如他的从孙杜济就是裴冕身边的一个得意人物，这些亲友或多或少会给他一些经济上的帮助。他和裴冕虽然没有直接的交谊，他既然到了裴冕统治的境内，却也不能不在他的纪行诗《鹿头山》里用四句诗来恭维恭维他，这种用心是很可怜的。他到成都后，我们再也找不到一句和裴冕有关的诗了。并且裴冕在第二年（760）三月便离开成都，李若幽继任成都尹。

杜甫在759年的岁末到达成都，住在西郊外浣花溪寺里，寺里的僧人复空是他临时的主人。他在庙里没有住多久，便在城西七里浣花溪畔找到一块荒地，先开辟了一亩大的地方，在一棵相传二百年的高大的楠树下建筑起一座并不十分坚固的茅屋。他经营这座草堂，不是轻而易举的，几乎事事都需要朋友和亲戚的帮助。表弟王十五司马出郭相访，走过野桥，给他送来建筑费，使他感动地说：“在他乡多亏表弟帮忙，来往不辞劳苦。”他一方面营建草堂，一方面写诗向各处觅求树秧：向萧实请求春前把一百根桃树秧送到浣花村，向韦续索取绵竹县的绵竹，向何邕要蜀中特有的、三年便能成荫的桤树秧，他亲自走过石笋街到果园坊里向徐卿索求果木秧，无论绿李黄梅都无不可，他还向韦班要松树秧和大邑县的瓷碗。关于瓷碗他写出下边的绝句，由此我们可以知道唐代的瓷器精美到什么程度：

大邑烧瓷轻且坚，扣如哀玉锦城（成都）传；君家白碗胜霜雪，急送茅斋也可怜。（《又于韦处乞大邑瓷碗》）

经过两三月的经营，草堂在暮春时节落成了。不只杜甫自己欣庆得到一个安身的处所，就是飞鸟语燕也在这里找到新巢，从此这座朴素简陋的茅屋便成为中国文学史上的一块圣地，人们提到杜甫时，尽可以忽略了杜甫的生地和死地，却总忘不了成都的草堂。根据“浣花溪水水西头”“万里桥西一草堂，百花潭水即沧浪”“背郭堂成荫白茅”“时出碧鸡坊，西郊向草堂”“万里桥西宅，百花潭北庄”“茅堂石笋西”“结庐锦水边”“西岭纡村北”……这些诗句我们可以推测草堂的位置是背向成都郭，在少城碧鸡坊石笋街外，百花潭北，万里桥及浣花溪西，临近锦江，西北则可以望见山巅终年积雪的西岭。[9]

这是760年（肃宗上元元年），中原没有恢复，关内闹着严重的灾荒，币制紊乱，杜甫却结束了他十载长安、四年流徙的生活，

---

9 关于草堂的位置，清人左岘在《杜工部草堂记》一文里考据甚详，这篇文章收在仇兆鳌《杜少陵集详注》附录中。闻一多《少陵先生年谱会笺》根据左岘的考据有所补充。

在这里得到一个栖身的处所。他离开了兵戈扰攘、动荡不安的大世界，眼前只看到蜻蜓上下，鸂鶒沉浮，水上有圆荷小叶，田间是细麦轻花。他亲身经历了许多年的饥寒，如今暂得休息，于是自然界中的一切生物，都引起他的羡慕。他在这时期内写了不少歌咏自然的诗。他所歌咏的，鸟类中有鸬鹚、燕、鸥、莺、黄鹂、凫雏、鹭、鸂鶒、花鸭；昆虫中有蝴蝶、蜻蜓、蜂、蚁；花木中有丁香、丽春、栀子、枇杷、杨柳、荷花、桃、李、桑、松、竹、桤、楠、楠树下的一片药圃。他运用了“小”和“轻”、“细”和“香”、“嫩”和“新”以及“净”“弱”“微”“清”“幽”……那些字来形容它们。他看他眼前的花木是——

杨柳枝枝弱，枇杷对对香。（《田舍》）

眼前的虫鸟是——

细雨鱼儿出，微风燕子斜。（《水槛遣心》之一）

说到春夜的雨——

随风潜入夜，润物细无声。（《春夜喜雨》）

夜晚的幽静——

云掩初弦月，香传小树花。（《遣意》之二）

我们把这类的诗句和759年在洛阳道上与秦州道上的诗相比，意境上有多么大的一个悬殊！难道杜甫自己的生活刚刚有了着落，便陶醉在自然的春光里，忘却了人民的痛苦与国家的灾难了吗？

杜甫并不是这样。这些诗句只反映着杜甫草堂生活的一方面，我们读着这些诗句，好像听田园交响乐，有时到了极细微极轻盈的段落，细微到“嫩蕊商量细细开”，轻盈到“自在娇莺恰恰啼”，然而另一方面，忽然转折过来，便有暴风雨的发作，田园立即起了很大的变化，这变化使他联系到现实的生活。那棵高大的柟树，童童青盖，据说已经生长了二百年，杜甫曾经在它旁边规定了草堂的地位，在它的近根处开辟了一片药圃；不料一天狂风忽至，江翻石走，它的枝干还与雷雨力争，但是根断了，被风雨拔起，像死了的龙虎一般倒在荆棘中，使草堂前的景色失却了它最重要的部分。还有一次在八月，秋风怒号，把草堂顶上三重的茅草都给卷走，茅草有的挂在林梢，有的沉入塘坳；黄昏时风定了，墨云又聚集起来，雨不住地下了一夜，屋里漏得没有一块干土，他在无眠的长夜中唱出来《茅屋为秋风所破歌》。他由于自己的灾难想到流离失所的人们，他在歌里这样说：

床头屋漏无干处，雨脚如麻未断绝。自经丧乱少睡眠，长夜沾湿何由彻（终了）？安得广厦千万间，大庇天下寒士俱欢颜，风雨不动安如山！呜呼何时眼前突兀见此屋，吾庐独破受冻死亦足！

这里正如他在《凤凰台》诗中所说的，要用自己的心血来孕育中兴的征兆一般，为了天下的寒士免于饥寒，他宁愿牺牲自己。

除却惊天动地的暴风雨外，这田园里也存在着一些病苦的忧郁的事物，使人想到人民的病苦而忧郁的生活。杜甫由于病橘想到天宝年间给杨贵妃输送鲜荔枝的情形——

忆昔南海使，奔腾献荔枝。百马死山谷，到今耆旧悲！（《病橘》）

由被刀斧砍伐的枯棕想到人民被官家剥削得一物不遗——

有同枯棕木，使我沉叹久。死者即已休，生者何自守？（《枯棕》）

还有病柏和枯柟，本来都是正直而健壮的树木，一旦病老，便饱受鸱鸮和虫蚁的摧残。这些生物界中的病象，都使杜甫联想到社会的病象。

这片杜甫最初从荒芜中开辟出来的一亩大小的土地，依靠杜甫亲身的劳动渐渐向四方扩展，茅亭旁有向外眺望的水槛，堂前栽种四棵心爱的小松，堂内设置了乌皮几。两年工夫，在清澈的溪旁建筑起疏疏落落的亭台，虽然简朴，却也略具规模。他看着眼前的天地疏朗，就是有病的身体也感到轻快；并且交游稀少，自己觉得姓名也是多余的了。这时他写了许多诗，述说他闲散的生活，例如：

仰面贪看鸟，回头错应人；读书难字过，对酒满壶频。（《漫成》之二）

又如：

失学从儿懒，长贫任妇愁；百年浑得醉，一月不梳头。（《屏迹》之三）

但我们不要尽从这些诗句里去勾画他草堂里生活的轮廓。他耕耘南亩，种树培药，必须具有一个农夫所应有的勤劳。尤其对于一丛丛的恶树，他常常手持小斧，到林中去砍伐。还有含毒的荨草（焊麻），叶子刺人有如蜂螫，他看它像是眼中的芒刺，他在百草凋枯前就背着锄头，率领小孩子们到处寻索，要把它连根除掉，因为一经严霜，蕙叶便与荨草同枯，没有法子分辨美恶了。他这样披荆斩棘，兢兢业业，最后才感到——

自兹藩篱旷，更觉松竹幽；芟夷不可阙，疾恶信如仇！（《除草》）

杜甫在他的耕作中深深地体验到腐旧的恶势力应如何铲除，新生的力量如何培养，后来在764年的春天他从阆州再回成都，想到不成材的竹子孳生太快，小松树又长得太慢，写过这样的警句：

新松恨不高千尺，恶竹应须斩万竿！（《将赴成都草堂途中有作》五首之四）

他不只对于眼前的恶木毒草尽力删除，他对于传说中的神怪也痛下攻击。成都市桥旁有石犀五头，传说是镇压江水的神物，蜀人以此矜夸，说千年以来，江水泛滥从来不曾到过城西南角的张仪楼。但在761年，秋雨成灾，灌口一带就被江水淹没了许多户口。杜甫说，修筑堤防才能制止水灾，这是人民的力量，“诡怪何得参人谋！”西门外又有两座高大的石笋，南北对立，传说是海眼，稍一搬动，便会洪涛泛滥。它们挺立街旁，受人膜拜，而人民仍不免于天灾人祸。所以杜甫对于这两座石笋和五头石犀都希望能有一个大力的壮士把它们提起来抛掷天外，不要让它们长久地在这里蒙蔽人民，像是佞臣们蒙蔽皇帝一般。

同时他对于当前的文艺批评也不保持静默了。这时全部的唐诗仿佛进入一个暂时休息的状态：岑参已经结束了他的开辟新境界的边塞诗，储光羲死于759年（？），王维死于761年，李白死于762年，下一代的孟郊尚在童年，韩愈、白居易还没有降生。元结默默地在760年把孟云卿等七个诗人的诗搜集了二十四首，编撰了一部《箧中集》，倡导关怀人生的朴质的诗，鄙弃那些拘限声病、崇尚形式、“与歌儿舞女生污惑之声于私室”的歌曲。他们的理论虽然恰中时病，但他们的诗才有限，创作的成绩很平常，不曾引起一般人的注意。这时没有休息的是杜甫，此后他还继续了十年的丰富的创作生活，可是他的诗也不曾被当时的所谓诗人们所接受。那时流传下来的诗选集如《中兴间气集》《河岳英灵集》里边，就没有选过一首杜甫的诗。他们不但不承认他的特殊的成就，反而常常制造出许多谣言来毁谤他，就是后来《旧唐书》和《新唐书》的作者也不加审查，把一些恶意的谣言写在杜甫的本传里，使后人对于杜甫产生许多误解。那些拘泥形式的评论家们不但攻击杜甫，对李白也不放松，所以杜甫在《不见》一诗中说李白：

世人皆欲杀，吾意独怜才。

说得最清楚的是后来韩愈的《调张籍》：

李杜文章在，光焰万丈长！不知群儿愚，那用故谤伤。蚍蜉撼大树，可笑不自量。

由此可见，李白、杜甫不只在生前，就是死后也不断受人毁谤。杜甫针对着他所受到的毁谤，写成《戏为六绝句》。这六首绝句表面上是替初唐四杰辩护，实质上是接触到当前文艺界里批评和创作的问题，例如第二首绝句——

王杨卢骆当时体，轻薄为文哂未休。尔曹身与名俱灭，不废江河万古流。

这是说，这四个诗人在当时是革新的作家，起过一定的作用，你们不要以为他们的时代过去了，便任意哂笑他们。又如第四首——

才力应难跨数公，凡今谁是出群雄？或看翡翠兰苕上，未掣鲸鱼碧海中！

这是说，论才力你们并不能超过四杰，现在还有谁是特出的诗人呢？你们小巧的诗句不过像兰苕上飞翔着翡翠鸟，并没有掣鲸鱼于碧海那样大的气魄。兰苕翡翠，指的是元结在《箧中集序》里攻击的那些揣研声病、寻章摘句的人们；至于大海鲸涛，气象万千，则只有李白、杜甫才能有表达的能力。——从这里我们知道，杜甫在当时不只在政治上，就是在文艺界里也是处在被人误解、被人否认的地位。

他对于他的故乡和流落在他乡的弟妹还是念念不忘。他从刚到成都的那一天起，就这样说——

但逢新人民，未卜见故乡；大江东流去，游子日月长。（《成都府》）

在他起始经营草堂时，他也不曾放弃过顺江东下的念头。但是东京没有收复，乡关充满胡骑，弟妹的消息长期隔绝，他怅望云山以外的长安、洛阳，在风色萧萧的夜晚只空空地感到“万里正含情”。想到这里，草堂四围的幽花小鸟再也维系不住他的心情，他的悲感又像是脱却缰鞍的马一般，在平野里奔腾起来，发出悲壮的声音：

> 洛城一别四千里，胡骑长驱五六年。草木变衰行剑外，兵戈阻绝老江边。思家步月清宵立，忆弟看云白日眠。闻道河阳近乘胜，司徒（李光弼）急为破幽燕！（《恨别》）

并且他请名画家韦偃在他的草堂东壁上画出两匹雄赳赳的骏马，好像他心情的写照——

> 一匹龁草一匹嘶，坐看千里当霜蹄；时危安得真致此，与人同生亦同死！（《题壁上韦偃画马歌》）

论时代，杜甫离开了开元天宝的盛世，论地域，他离开了洛阳和长安，所以草堂的四邻没有亲戚，没有旧友，和杜甫一起来往的都是些落魄的文人和不知名的田夫野老：北邻是一个退职的县令，爱酒能诗，常常踏着蓬蒿来访；南邻有朱山人，曾经留杜甫在他的水亭中饮酌，还有卖文为生的斛斯融也是他的酒伴；在春天，黄四娘家的万花盛开，把树枝都压得低低垂下；此外野人赠送樱桃，邻家的美酒小孩子在夜里也能赊来；到了寒食，大家聚在一起，是这样快乐——

> 田父要皆去，邻家问不违。地偏相识尽，鸡犬亦忘归。（《寒食》）

这都是杜甫的新朋友，他们真实、朴质，彼此没有嫌猜，给思乡忆弟、愤激多病的杜甫不少的安慰。

然而他为了生计，也不能不和另外一些友人周旋。他的家庭虽然没有在鄜州和同谷时那样饥寒交迫，但是孩子们还是面色苍白，有时甚至饿得愤怒起来，向父亲要饭吃，父亲没法应付。他初到成都时，仰仗一个故人分赠禄米，一旦这厚禄的故人书信断了，他一家人便不免于饥饿；他给唐兴县令王潜作《唐兴县客馆记》，随即一再寄诗给他，希望王潜给他周济；侍御魏某骑马到草堂给他送来买药的代价，他也得作诗酬答。这都足以说明，草堂周围的农产物还不能养活杜甫的一家人；杜甫仍然要——

> 强将笑语供主人，悲见生涯百忧集！（《百忧集行》）

这时海内多难，武臣都做了高官，各处的小军阀割据地方，日趋跋扈。成都的武人也是这样，他们声势赫赫，出入锦城，有的宾朋满座，任侠使气，有的暴戾专横，无恶不为。杜甫和这些人也不得不勉强周旋。761年四月，梓州（四川三台）刺史段子璋赶走绵州（四川绵阳）的东川节度使李奂，自称梁王，改元黄龙，以绵州为黄龙府。成都尹崔光远在五月率西川牙将花敬定攻克绵州，斩段子璋。花敬定自己觉得杀子璋有功，在东川任意抢掠，妇女有戴着金银镯钏的，他的兵士们都把她们的手腕割下夺取镯钏，乱杀数千人。他每逢宴会，常常不遵守当时的制度，用朝廷的礼乐。一个这样残暴而僭妄的武人，也使杜甫写出两首名诗：《戏作花卿歌》与《赠花卿》，尤其是后一首——

> 锦城丝管日纷纷，半入江风半入云；此曲只应天上有，人间能得几回闻？

这绝句有人解释为语含讽意，说花敬定私人宴会不该用代表国家的礼乐；也可以理解为对花敬定的颂扬。但无论如何，我们读起来总觉得诗和人是很不相称的。

崔光远不能制止花敬定的暴行，被肃宗遣监军官使按罪，忧愤成病，死于761年十月。十二月政府派严武为成都尹，兼剑南两川节度使。严武未到成都时，高适代理了一两个月。高适于760年前半年为彭州（四川彭县）刺史。严武于759年为巴州（四川巴中）刺史，后入京为太子宾客兼御史中丞，761年尾才来到成都。这两个人，一个是梁宋漫游时的旧友，一个是房琯的同党，如今成为草堂里最受欢迎的客人。也只有他们的资助，杜甫在接受时才觉得不是使他感到无限辛酸的恩惠，而是由于友情。

760年，高适未离彭州时，杜甫就很坦白地向他求过援助，他寄诗给高适：

百年已过半，秋至转饥寒。为问彭州牧，何时救急难？（《因崔五侍御寄高彭州一绝》）

不久高适改任蜀州（四川崇庆）刺史，杜甫在这年深秋，到蜀州拜访他，天涯相见，更觉情亲，他得到机会一再游览蜀州附近新津、青城等地的山水，并且在761年的春天重到新津县时，写出这样的名句：

寺忆曾游处，桥怜再渡时。江山如有待，花柳更无私。（《后游》）

崔光远死后，高适暂代成都尹，曾带着酒到草堂来访，杜甫自愧没有鲑菜招待，只劝高适多多喝酒，杜甫取笑他说，“头白恐风寒”，因为高适比杜甫年长，满头都白了。

至于真正使草堂增添热闹的，就要算严武了。那是762年的春夏两季，严武到成都后，就常常带着小队人马，走出郊外，来到浣花溪边，拜访杜甫；有时还亲携酒馔，竹里行厨，花边立马，形成一种难得的欢聚。杜甫也曾到府尹厅中宴会，展阅《蜀道画图》，歌咏西蜀的形势：

剑阁星桥北，松州雪岭东。华夷山不断，吴蜀水相通。

从761年冬到762年春，成都苦旱，杜甫认为“谷者百姓之本”，写《说旱》一文。他希望严武能够亲自讯问狱里的囚犯，加以清理，除却应该处死刑的以外，都释放出来，若是囹圄一空，怨气全消，甘雨必定会降落。这意见虽然有些迷信，但由此我们可以知道，在成都狱中一定禁闭着不少长久没有判决的冤屈的囚犯。

在春社日，杜甫出游，被农夫们拉住在一块儿喝酒。酒酣耳热时，大家都称赞严武。一个老农夫回过头来指着他的大儿子向杜甫说：“他是一个弓弩手，在飞骑籍里永无更代，但是前天放回来了，帮我耕田；我们对于府尹真是感激，日后如有杂色差科，我们绝不全家逃避了。”杜甫把这样的谈话写在《遭田父泥饮美严中丞》一诗里，这对于在史书里并没有得到多少好评的严武，是一种过分的称赞。

但是好景不长，在四月玄宗和肃宗先后死去，代宗（李豫即李俶）即位，七月召严武入朝，杜甫又感到孤单，他送严武到绵州，二人在绵州附近的奉济驿分手。他在送严武的诗中说到他自己——

此生那老蜀？不死会归秦！

同时他又勉励严武：

公若登台辅，临危莫爱身！（《奉送严公入朝十韵》）

这说明房琯一派的人又有了抬头的希望，杜甫也起了再回长安的念头，并且劝严武在政治上多多努力。想不到严武去后，成都少尹兼侍御史徐知道便在成都叛变了，蜀中道路阻隔，致使杜甫流亡到东川梓州。

再度流亡

徐知道本来是成都少尹兼侍御史，严武刚离开成都，他就把严武的官衔都加在自己身上，自称成都尹兼御史中丞剑南节度使。关于这件事变，史书里没有详细的记载，但我们从高适的文集和杜甫的诗里知道，徐知道趁着严武不在，成都空虚，就派兵往北断绝剑阁的道路，杜塞援军，往西攻取邛州（四川邛崃），联络西南的少数民族。他七月起兵，因为蕃汉不能合作，八月二十三日便被高适击溃，随即被他的部将李忠厚杀死，时间虽不长久，成都却受了很大的骚扰，混乱的状况并不下于安史乱中的长安与洛阳。后来杜甫再回草堂，听到徐知道死后，李忠厚等在成都杀戮人民的情形，写过这样的诗句：

一国实三公（李忠厚等），万人欲为鱼。唱和作威福，孰肯辨无辜？眼前列杻械（刑具），背后吹笙竽。谈笑行杀

戮，溅血满长衢；到今用钺地，风雨闻号呼。鬼妾与鬼马，色悲充尔娱（被杀者的妻、马，面带悲容供杀戮者取乐）。（《草堂》）

成都在转瞬间竟沦入这样难以想象的惨境！杜甫在绵州听到徐知道的叛变，江边的草堂和草堂中的妻子都音讯断绝，生死不明，他或许会觉得这是天宝十五载的重演。他为了维持眼前的生活，只好到东川节度使的所在地梓州（四川三台）去。当时的东西两川以及山南西道由于文官逸乐、武人跋扈，人民的负担一天比一天沉重，在无法忍受时，到处都有小规模的农民起义。同时统治阶级内部也互相争夺杀戮，段子璋与徐知道的叛变，都是最显著的例子；而政府方面的官军，往往比叛变者更无纪律，每次叛变的平复都给人民带来更大的灾殃。这样造成了蜀中的混乱局面，许多历史上不曾记载的事迹都反映在杜甫的诗中，像他的《光禄坂行》《苦战行》《去秋行》和后来在云安写的“前年渝州杀刺史”（《绝句三首》）都是很宝贵的史料。道路阻塞，行旅艰难，杜甫独自一人在东川的山中行走，到昏黑日落时便有这样的感觉：

马惊不忧深谷坠，草动只怕长弓射！（《光禄坂行》）

这是蜀中的一般情形，我们再越过剑阁和巴山望一望外边的世界。761年三月史朝义与他的部下合谋杀死他的父亲史思明；第二年十月，代宗长子李适为兵马大元帅，仰仗回纥的兵力，克复了洛阳。这一切情形又像是五年前的历史的重演。回纥入洛阳后，又是烧杀抢掠，比757年攻克洛阳时更为残酷，死者以万数计算，火十天不灭。唐军也在洛阳、郑州、汴州、汝州一带任意抢掠了三个月，几乎没有一家幸免，人民都穿着纸做的衣裳。763年正月，史朝义缢死，他的将领田承嗣、李怀仙等纷纷投降，轰动一时的安史之乱才算勉强告了结束。杜甫远在梓州，听说收复河南河北，一时惊喜欲狂，觉得从此可以不在异乡流浪，有希望回到洛阳的故乡，脱口唱出一首惊心动魄的名诗，好像把他六七年来胸中的郁结都发泄无余：

> 剑外忽传收蓟北（河北），初闻涕泪满衣裳。却看妻子愁何在？漫卷诗书喜欲狂！白日放歌须纵酒，青春作伴好还乡。即从巴峡穿巫峡，便下襄阳向洛阳。（《闻官军收河南河北》）

这首诗后来不知打动过多少乱世中流亡者的心，它不断地被后人歌诵。但杜甫的狂欢只是昙花一现，国内混乱的局面并没有随着河南河北的收复稍为澄清。回纥比肃宗时代变得更为骄横。进攻洛阳时，李适从陕州渡河访问屯驻在黄河北岸的回纥可汗，可汗责备他为什么不在门前拜舞，经过辩白解释，可汗才饶恕了李适，却令人把李适重要的随员每人鞭打一百，其中的兵马使魏琚与判官韦少华竟至鞭打后一夜便死去。中原收复，回纥的气焰更高了，他们除去到处抢掠外，把唐朝的法令看得一文不值，在长安任意横行，有时闯入皇城的含光门，也没有人敢来阻止。杜甫自从写《北征》以来，在诗里一再陈述乞援回纥可能发生极恶劣的后果，如今都一一实现。至于他在秦州时所忧虑的吐蕃，时而侵入，时而言和，势力一天比一天膨胀，等到763年七月，已经占有鄯、洮、岷、秦、成、渭等州，使河西、陇右，全部沦陷。边将告急，宦官程元振又蒙混代宗，不让他知道，吐蕃联络了杂居陇右的边疆民族吐谷浑、党项羌，越过陇山，九月攻陷泾州，十月攻陷邠州，长安没有兵力抵抗，代宗在仓皇中跑到陕州，使吐蕃血不染刃便占领了长安。吐蕃入长安，府库市里又遭受了一次大规模的剽掠与焚毁，唐军的散兵游勇，也到处骚扰，人民都逃入山谷。杜甫远道听闻，得不到准确的消息，既苦于“西京安稳未，不见一人来”，又感到“乱离知又甚，消息苦难真”。长安在八年内两度陷落，遭受焚毁，他最为痛心，他说，“隋氏留宫室，焚烧何太频！”764年春，他在阆州（四川阆中）才听到收复长安的消息，写成排律《伤春五首》，这与763年的《有感五首》《述古三首》同样是杜甫在这时代的政治诗，这些诗好像处处都为君王着想，事实上是为国家的前途担忧，在那时，要挽救国家的危急，杜甫只能把希望寄托在君王身上。他看一切的祸源都由于藩镇的跋扈与理财者的搜刮，他说，政府只要下决心铲除小人，实行节俭，便能转变危机，一新宇宙。但他除此以外，已经能够更进一步，道破一个真理：

盗贼本王臣！（《有感五首》之三）

这就是说，你们天天所骂的“盗贼”并不是什么怪物，本来都是逼得无路可走的人民。所以他送路使君赴陵州（四川仁寿）时说：

> 战伐乾坤破，疮痍府库贫；众僚宜洁白，万役但平均。（《送陵州路使君之任》）

这是杜甫在当时条件下所能有的进步的政治思想。同时他在另一方面也直接揭发了政府的腐败：

> 天子亦应厌奔走，群公固合思升平。但恐诛求不改辙，闻道嬖孽能全生。江边老翁错料事，眼暗不见风尘清。（《释闷》）

这时高适代替严武领西川节度。吐蕃陷陇右，逼近长安时，高适曾经率兵攻吐蕃南境，本想从旁牵制，不料松州（四川松潘）被围，到了十二月松、维（四川理县西）、保（四川理县新保关西北）三州和西山城戍都被吐蕃攻陷。杜甫在阆州听说松州被围，写出《警急》《王命》《征夫》及《西山三首》，对于西蜀边疆的危急，不胜焦愁，而悲凉激壮，成为五律中的名作。松州陷后，成都震动，杜甫为阆州王使君拟《论巴蜀安危表》，希望减省军用和诸色杂赋名目，最好“省之又省”，因为巴蜀人民困于军需，充备百役，已经到了无法应付的地步，地方上呈现出一片凋零的景象，正如《征夫》里所说的——

十室几人在？千山空自多。路衢唯见哭，城市不闻歌。

安史之乱的期间内，江淮一带还能保持小康，但是当杜甫在成都时，760年十一月，宋州刺史刘展叛变，南下江淮，攻陷许多城市，政府命平卢兵马使田神功讨平。田神功每打下一个城市，都大肆抢掠，尤其是富庶的扬州，经过这次事变，精华殆尽，就是经商的胡人便死了数千。等到杜甫流亡梓州，762年八月，他的好友郑虔所在的台州，又有袁晁起义，担受不起赋税的人民都接受他的领导，陷浙东州郡，次年四月，才被李光弼击败。这样的事情，也引起杜甫的注意，但是杜甫分不清农民起义和军阀叛变本质上的不同，他在《喜雨》一诗里笼统地说：

安得鞭雷公，滂沱洗吴越！

我们在这里把这紊乱的时代做一个简短的叙述，只为的是同时要看出，国内政治上、军事上的变动，不管近在眼前，或远在千里，都在杜甫这里得到回声，反映在他的诗里，有时详于其他的史籍。并且他由此抒发出他的“盗贼本王臣”与“万役但平均”的政治思想。反过来我们看一看杜甫在流亡中所依附的那些官吏，他们的生活和杜甫的心情恰恰成为一个对照：

天下兵马未尽销，岂免沟壑常漂漂。剑南岁月不可度，边

头公卿仍独骄。（《严氏溪放歌》）

绵州的刺史杜济打鱼纵乐，梓州的刺史章彝率领猛士三千，从容校猎，他们完全忘却是处在怎样一个危急的时代；至于携带美人女乐，泛舟江上，轻歌妙舞，有时引得水里的大鱼都探出头来，听曲低昂，如有所求，更是那些县令刺史们的日常生活。杜甫望着章彝冬狩时声势浩大的阵容，想到国家的灾难，他想，为什么不用这队伍抵抗吐蕃呢？

喜君士卒甚整肃，为我回辔擒西戎！草中狐兔尽何益？天子不在咸阳宫。（《冬狩行》）

杜甫在762年秋从绵州入梓州，晚秋时一度到成都，把妻子接到梓州，763年秋和764年春到过两次阆州，762年十一月曾南游射洪通泉，763年春再赴绵州，西去汉州（四川广汉）；杜甫虽然说，“三年奔走空皮骨”，实际上他往来梓阆之间，从离开草堂到再回草堂，不过只有一年又九个月。杜甫在这时期内，衣食无着，生计完全依靠那些“边头公卿”。这些使君、县令只知道杜甫能诗能文，懂得一些药理，用到他时，便“肥肉大酒”相邀，酒肉之外，并没有真挚的情谊。梓州为东川节度使治所，自从成都事变后，地位更为重要，无论进京或入蜀，都成为官吏们往来的要道。那些地方官常常设宴迎送，杜甫也陪居末座，写了许多陪宴和送别的诗，这些诗多半是应酬的作品，粗浅无味，与前边提到的那些政治诗又成为一个对照。这正是他的最伤心处，他又和在长安时一样，自称“贱子”，诗题中“陪”字也一再出现了。

他得助最多而最须小心侍奉的是章彝。严武本为两川节度使，被召还朝后，高适代西川节度，东川节度虚悬，763年夏，才派判官章彝来梓州任刺史兼东川留后。章彝能训练士兵，指挥部属，也许因为严武的关系，时时照顾杜甫。杜甫不得不陪他宴会，陪他迎送客人，陪他游山寺，陪他打猎，763年十一月杜甫计划到江南去，章彝设宴给他饯行，他写成《留别章使君留后兼幕府诸公》一诗，述说他沉痛的生活：

> 我来入蜀门，岁月亦已久。岂惟长儿童，自觉成老丑。常恐性坦率，失身为杯酒。近辞痛饮徒，折节万夫后。昔如纵壑鱼，今如丧家狗。

杜甫这样小心谨慎地应付章彝和他的幕僚，赢得在梓州时免于冻馁，离梓州时获得旅费，其中含有无限的辛酸。但杜甫的江南之游并没有实现，而章彝在764年因为一点小的事故被再返成都的严武杀死了。

人世是这样错综混乱，自己的生活又这样可怜，这中间使他的精神感到一度振奋的是从前富庶时代的几个挺拔卓越的人物：陈子昂、郭元振、薛稷。他在梓州、阆州奔走，是为了衣食，只有762年射洪通泉的旅行，是怀着一种向往的心情去凭吊他所景仰的人的遗迹。

他在绵州时，送李使君赴梓州，就想到射洪县的陈子昂，他向李使君说：

遇害陈公殒，于今蜀道怜；君行射洪县，为我一潸然！（《送梓州李使君之任》）

著名的《感遇诗》的作者陈子昂，无论他的人格与他的诗文，都是开元天宝时代文艺的先驱，他的意义，我们在前边已经提到过。他是杜甫祖父杜审言的朋友，武则天时他一再上疏，批评时政，陈词慷慨；他凛然一世，唐代第一流的作家如李白、杜甫、韩愈、柳宗元都极力推崇他。他屈死在故乡的狱中，更引起后人无限的同情。杜甫在762年晚秋把妻子从成都接到梓州，稍事安顿后，便往射洪县访陈子昂的故居。县北涪江畔金华山玉京观内有陈子昂读书堂的遗迹，东武山下有陈子昂的故宅，故宅壁上还存在着赵彦昭、郭元振的题字，他想到陈子昂的贡献：

终古立忠义，《感遇》有遗篇！（《陈拾遗故宅》）

射洪南六十里是通泉。郭元振少年时在这里做过县尉。郭元振落拓不羁，常常劫富济贫，海内与他通声气的，达千万人，是一个游侠的典型。武则天听到他的名声，把他召到洛阳，他在她面前歌诵他的《宝剑歌》，赢得她的赞美，随即上疏陈述边疆利害，他在杜甫眼中是一个不能以常情量度的“豪俊”。如今杜甫到了他的故宅，在池馆间只感到——

精魄凛如在，所历终萧索。高咏《宝剑》篇，神交付冥漠！（《过郭代公故宅》）

至于在太学中与郭元振、赵彦昭同业的薛稷是当时著名的书画家，杜甫在通泉县观赏县署壁上薛稷的画鹤、慧普寺的题字和寺中的《西方诸佛变相图》时，想到薛稷的《秋日还京陕西十里作》一诗，他这样称赞他：

少保有古风，得之《陕郊篇》。惜哉功名忤，但见书画传。（《观薛稷少保书画壁》）

他除去按照情形的不同，歌咏这三人的人格、功业或艺术外，他对于每个人都提到他们代表的诗篇，这些诗实际上远不及开元天宝时代诗歌的充实丰富，但它们或多或少地表达出那时代的健康的精神，在杜甫看来，在当时的诗歌中，它们都起着积极的进步作用。所以杜甫对于这次旅行感到无上的兴奋，他说：

此行叠壮观，郭薛俱才贤。不知百载后，谁复来通泉？《观薛稷少保书画壁》）

他在梓、阆一带也遇到一些新知和故旧：新知多半是偶然相识，彼此一度倾心，随后也就没有更深的关系；故旧则是异地重逢，见了一面就分手了，使他感到——

更为后会知何地？忽漫相逢是别筵。（《送路六侍御入朝》）

他们对于杜甫的生活，如轻风掠水，没有多大影响。这里我们不能不略为提及的只有房琯。

房琯在758年六月贬为邠州刺史，761年四月为礼部尚书，随后又出任晋州（山西临汾）刺史，八月任汉州刺史；763年四月被任命为特进刑部尚书，这是代宗即位后，房琯、严武一派又渐渐得势的征象。杜甫在这年晚春从梓州送朋友到绵州，又从绵州到汉州，可是房琯已经离开汉州往长安去了。他看不见房琯，只能泛舟于房琯在汉州城西北角开凿的房公西湖，在舟前对着成群的小鹅儿写出“鹅儿黄似酒，对酒爱新鹅”那样天真而有情趣的诗句。房琯走到阆州，便因病不能前进，八月四日死在僧舍里。杜甫在九月又从梓州赶到阆州，吊唁这位与他的政治生活有密切关系的同乡知己，在九月二十二日写了一篇沉痛的《祭故相国清河房公文》，在祭文里他还念念不忘凤翔时疏救房琯的事件，他说：“伏奏无成，终身愧耻！”

在唐代，绵州、梓州属剑南东道，阆州属山南西道，前者以及涪城、射洪、通泉等县都临近涪水，后者则被阆水（嘉陵江上游）环绕。这一带的山水是秀丽的，外边人知道的却很少。射洪虽然产生过陈子昂，陈子昂并没有给他家乡秀丽的山水揭开画幕，反倒是四杰中的卢照邻、王勃、杨炯才起始歌咏这一带的山川建筑。而它们为世人所知，画图一般地呈现在我们面前，则要归功杜甫了。

杜甫的诗是“诗史”，同时也是“图经”，他爱人民，也爱祖国的山川。我们前边说过，杜甫为了衣食，不得不陪着那些刺史县令们宴会，不得不迎送来来往往的官吏，宴会的场所多半设在寺院或园亭，迎送的地方不外江边或郊野。那些陪宴诗与送别诗是不得已的应酬，没有深厚的情感，甚至浅薄无味，但是宴会与迎送却给杜甫一个机会，能更多观看一些周围的山水。“远水非无浪，他山自有春”，他深切地感到，自然的美到处都存在着。

杜甫的山水诗是写实的、亲身经历的（在从秦州到成都的纪行诗里我们已经认识到这种特点），其中没有空虚的幻想，也很少有庸俗的山水诗中所谓山林隐逸的气氛。就以杜甫这时期内的诗而论，像“日出寒山外，江流宿雾中”“花杂重重树，云轻处处山”，还可以说是一般的山水；“青青竹笋迎船出，日日江鱼入馔来”“青惜峰峦过，黄知橘柚来”，已经是蜀中的景色了；至于《上牛头寺》里所说的“青山意不尽，衮衮上牛头”与《阆山歌》里的“阆州城东灵山白，阆州城北玉台碧。松浮欲尽不尽云，江动将崩未崩石”，则纯然是梓州、阆州的山水图，我们不但由此看得出那些山川的特殊的形势，而且好像还感受到它们的色彩和声音。有如当年吴道玄在长安大同殿的壁上画嘉陵江边三百里的风景一般，杜甫也用他的诗笔勾画出一幅川北百里图：在这上边我们看到绵州西北的越王楼——

碧瓦朱甍照城郭，楼下长江万丈清。（《越王楼歌》）

涪城山腰上的香积寺官阁——

含风翠壁孤云细，背日丹枫万木稠。（《涪城县香积寺官阁》）

以及梓州城北长平山上的惠义寺、西南牛头山上的牛头寺、南山上的兜率寺，阆州城北的玉台观和观内滕王李元婴修建的亭子，还有南池畔汉高祖祠前的民间歌舞——

终朝走巫祝，歌舞散灵衣。（《南池》）

我们由于杜甫的诗才知道，阆州城南的风景天下稀少，而通泉县北十五里内的山水是——

一川何绮丽，尽日穷壮观！（《通泉驿南去通泉县十五里山水作》）

杜甫在这样的山水中到处奔走，迫于饥寒，没有一个地方能允许他做久住的打算。他一方面怀念成都的草堂，一方面又做东游的计划。成都事变时，他从绵州仓皇跑到梓州，十步一回首，不知浣花溪畔的草堂还存在没有。后来回成都一次，接回妻子，才知道草堂在大乱中幸而没有遭受破坏。但最初因为成都一带乱后不定，后来成都又受到吐蕃的威胁，同时他又想东去吴楚，所以虽然有老友高适节度西川，也只有把草堂放弃了。可是他对于草堂总不能放怀。他写成《寄题江外草堂》一诗，把经营草堂的始末与不得已离开草堂的原委，写得详尽亲切，最后还一再惦记着堂前的四棵小松树。并且每逢有友人去成都，他都嘱托他们顺便到浣花溪畔看一看他的草堂。他有时也打发他的最小的弟弟杜占——这是跟着他入蜀的唯一的一个弟弟——回去探视草堂，临行时谆谆地告诉他：

> 鹅鸭宜长数，柴荆莫浪开！东林竹影薄，腊月更须栽！（《舍弟占归草堂检校聊示此诗》）

他在成都时就常常想沿江东下，如今蜀中局势混乱，更加强他去蜀的念头，使他不能成行的只是旅费无法筹措。后来听说官军收复河南河北，想到洛阳的田园，一时兴奋，好像立即可以起程回家了，但仍然是没有旅费，一步也走不动。所以他有时遥念故乡，有时追思吴越的旧游，又想到蜀中的朋友一天比一天冷落，觉得不管是回洛阳，或是去江南，无论如何也应该走了，他说：

> 天畔登楼眼，随春入故园（洛阳）。战场今始定，移柳更能存？厌蜀交游冷，思吴胜事繁。应须理舟楫，长啸下荆门！

（《春日梓州登楼二首》之二）

至于他东游的计划渐渐能够实现，则在他763年九月在阆州祭完房琯，得到家信知道女儿病了，回到梓州的时候。旅费多半是章彝替他筹划的，杜甫临行时，章彝除了给他饯行外，还把梓中的特产桃竹杖赠给他。杜甫把桃竹杖拿在手里，想到路途的艰难，兴奋地向它说：

杖兮杖兮，尔之生也甚正直，慎勿见水踊跃学变化为龙。使我不得尔之扶持，灭迹于君山湖上之青峰。噫，风尘澒洞兮豺虎咬人，忽失双杖兮吾将曷从？（《桃竹杖引赠章留后》）

他旅行的一切都准备好了，在764年初春携带妻子到阆州，以便从阆水入西汉水（嘉陵江）至渝州（重庆）东下。这时或许由于严武的推荐，政府召杜甫为京兆功曹，他因为东游计划已定，只好拒绝了。但当他向各方面寄诗辞行，正要起身时，严武又被任命为成都尹兼剑南节度使。他听到这个消息，“殊方又喜故人来”，成都草堂又在他心中增加了分量，致使他立即放弃既定的行程，决定回成都去。草堂一带的风物又在他的脑中活跃起来，他一口气写成五首七律寄给严武。在这五首诗里他提到堂内的乌皮几、堂前的新松、江边的水槛和药栏；他提到丙穴的嘉鱼和郫县的竹筒酒；他想起架上的书卷药囊一定都蛛网尘封，客径荒芜必定无从出入，恶竹也必定孳生得不成样子，他回到草堂就要斩伐万竿；他更担心旧日的邻人不知又有多少变迁……这五首诗写得兴奋而畅快，给这一年又九个月流离的生活做了一个快乐的结束。

他在阆州临行时，走到房琯的坟前，和地下的旧友做了最后的诀别。在暮春三月，他率领妻子回到成都。

幕府生活

杜甫回到成都的草堂，推开堂门，满地野鼠奔窜，打开书卷，里边是些干死的壁鱼，水槛和药栏也都倾斜破毁，是一片没有主人的荒凉景象。但人事方面，并不是那样荒凉：

> 旧犬喜我归，低徊入衣裾；邻里喜我归，沽酒携胡芦。大官（指严武）喜我来，遣骑问所须；城郭喜我来，宾客隘村墟。（《草堂》）

草堂经过一年零九月的沉寂，忽然又活跃起来，有了生气。

他在浣花溪畔，棕下凿井，竹旁开渠，把草堂重新修理一番。在这晚春初夏的时节，鸥鸟在水上漂浮，燕子在风中飞舞，晴丝冉冉，细草纤纤，和两年前没有什么不同，可是杜甫又经过一次流亡，他体验面前的事物更深入了一层。他看见门前的四棵小松，如今长得有一人多高，他向它们说：

会看根不拔，莫计枝凋伤。（《四松》）

他向草堂旁的五棵桃树说：

高秋总馈贫人实，来岁还舒满眼花。（《题桃树》）

他向倾斜的水槛说：

既殊大厦倾，可以一木支；临川视万里，何必栏槛为？（《水槛》）

这都是些平凡的道理，但只有这时的杜甫才能说得出来。并且他的胸怀也随着面前的景色扩张到千万里外：

两个黄鹂鸣翠柳，一行白鹭上青天。窗含西岭千秋雪，门泊东吴万里船。（《绝句四首》之三）

他本想和从前一样，在草堂里住下去，过他耕种的生活，但是没有多久，他就投入一个与这生活完全相反的环境里。严武是始终都希望杜甫出来做官的：762年春他第一次任成都尹时，就写诗劝杜甫不要以为自己会写诗作赋，便看不起官吏们戴的“鵕鸃冠”；后来严武到了长安，又推荐杜甫为京兆功曹；这回再来成都，得到政府更多的信任，他更不肯让杜甫在浣花溪上过清闲的生活了。他在六月荐杜甫为节度使署中的参谋、检校工部员外郎、赐绯鱼袋。一般人看来，这对于杜甫可以说是一个很大的帮助，杜甫也就不得不离开草堂，迁入成都节度使署中。严武在这时整顿军容，试用新旗帜，训练武士，力图恢复沦陷吐蕃的松、维、保三州，他在早秋七月，率兵西征，写《军城早秋》绝句，杜甫也用绝句相和。九月打败吐蕃七万，克当狗城（四川理县东南），收盐川城（甘肃漳县西北），又命汉州刺史崔旰（崔宁）在西山追击吐蕃，扩地数百里。所以后来杜甫在《八哀诗》里这样推崇严武：

公来雪山重，公去雪山轻。

严武能诗善战，败吐蕃，收复失地，挽回西陲的颓势；他立下大的功业，对杜甫却小心关怀。晚秋时，吐蕃已破，杜甫在他的幕中和他一起在北池眺望，在摩诃池泛舟，观《岷山沲江画图》，彼此分韵赋诗，歌咏阶下的新松、宅内的绿竹，由此可见二人交谊的密切。杜甫在这时还写了《东西两川说》，论到边疆上的许多问题。

唐代幕府的生活是很严格的。每天都是天刚亮了便入府办公，夜晚才能出来；杜甫因为家在城外，便长期住在府中。不但生活呆板，西川节度使署里的人事也很复杂。那里的文武官员因为中原变乱，无法生存，西蜀可以勉强维持生计，所以彼此都勾结阿谀，保全自己的地位。[10]杜甫这时已经五十三岁，满头白发，穿着狭窄的军衣，在幕府里与些互相猜疑、互相攻击的幕僚周旋，心里充塞了难言的忧郁。他在《莫相疑行》里说：

> 晚将末契托年少，当面输心背面笑；寄谢悠悠世上儿，不争好恶莫相疑！

在极痛苦的时刻他想到孔雀不免被辱，历史上多少伟大人物也难免受困，因此勉强自慰，他向自己说，不要尽怪那些幕僚，诸葛亮写过《贵和篇》，是值得学习的，况且——

> 丈夫垂名动万年，记忆细故非高贤！（《赤霄行》）

他一方面拘于幕府的规条，过着呆板的生活；另一方面又被幕僚嫉妒，受他们的攻击，同时他的身体也渐渐难以支持了。他早年就有肺病、疟疾，这时又添了一个新病：风痹。在办公室里坐久了，四肢会感到麻痹。他在寂静的夜半，独自住在府中，听着长夜不断的角声，望着中天月色，写出来一首悲凉的七律：

---

10 杜确在《岑参集序》里说："时西川节度因乱受职，本非朝旨。其部统之内，文武衣冠，附会阿谀，以求自结。皆曰中原多故，剑外少（稍）康，可以庇躬，无暇向阙。"这是五六年后杜鸿渐为剑南节度使时一般幕僚的情况，严武幕中的人事关系比这也不会好多少。

清秋幕府井梧寒，独宿江城蜡炬残。永夜角声悲自语，中天月色好谁看？风尘荏苒音书绝，关塞萧条行路难。已忍伶俜十年事，强移栖息一枝安。（《宿府》）

这景况他是难以担当下去的。所以他一再写诗给严武，请求解除他幕府中的职务，让他回到草堂，去过农人的生活；到了次年正月三日，严武终于答应了他的请求。

在这以前，他也曾短期请假回村，写过几首秋诗；如今归来，正当初春，他好像没有预感到他不久就会离开草堂，于是又起始修葺茅屋，预备长期住下去。

在草堂和幕府两种极不相同的生活中间，也就是在农田耕作和与幕僚相周旋的中间，他个人的心情充满了悲愤。764年，据户部的统计，全国经过十年的丧乱，人口只剩下一千六百九十余万，比天宝十三载唐代人口的最盛时减少了十分之七！所以杜甫在送友人唐诫往东京的诗里说：

萧条四海内，人少豺虎多。少人慎莫投，多虎信所过；饥有易子食，兽犹畏虞罗。（《别唐十五诫因寄礼部贾侍郎》）

太子舍人张某从西北来，赠给他一领珍贵的毛毯，上边织着汹涌的风涛，中间有掉尾的鲸鱼，此外还有许多不知名的水族。他把这贵重的赠品接到手里，展阅许久，觉得不是他这样的人所能享用的，最后又珍重卷起，退还客人，才觉得心地和平，因为——

叹息当路子，干戈尚纵横；掌握有权柄，衣马自肥轻。……皆闻黄金多，坐见悔吝生。奈何田舍翁，受此厚贶情！（《太子张舍人遗织成褥段》）

这时名画家曹霸也流落成都，他在开元时代曾在南薰殿里重摹唐太宗时代的功臣，给唐玄宗爱好的玉花骢写生。如今流落民间，他描画的对象转为一般寻常的人民，因此反而受俗人们的轻视。杜甫同情他的遭遇，写成有名的《丹青引》，这首长歌是这样结束的：

途穷反遭俗眼白，世上未有如公贫。但看古来盛名下，终日坎壈缠其身。

他又在《忆昔》诗中想到开元的全盛时代，仓廪丰实，路无豺虎，天下的朋友都胶漆一般地契合，现在一匹绢要卖万钱，田野流血，洛阳宫殿和西京宗庙都烧毁一空，他虽然希望代宗能够中兴，但他自己却“泪洒江汉身衰疾！”

安史之乱使唐代的社会经济起了很大的变化，给唐代的诗歌也划了一个界限；时代的转变在杜甫的诗里留下深刻的痕迹，而朋友不断地丧亡也使杜甫觉得这界限一天比一天鲜明。王维、李白、房琯诸人的死在前两章里都已提到。到了764年，郑虔死于台州，苏源明饿死长安，杜甫得到这两个消息，写出沉痛的《哭台州郑司户苏少监》，他放眼看一看当时的文艺界，深切地感到——

豪俊何人在？文章扫地无！

同时他又反顾他自己的处境，是——

疟病餐巴水，疮痍老蜀都，飘零迷哭处，天地日榛芜！

765年正月，高适也在长安死去了，杜甫作诗哀悼：

独步诗名在，只令故旧伤！（《闻高常侍亡》）

杜甫在梓州时，已经感到朋友零落，想往江南或回故乡，若没有严武的召请，他是不会再来成都的。如今再来成都，在幕府里周旋了几个月，受尽苦楚，好容易能够回到草堂，本想耕劳自给，过他所愿意过的生活，不料当他在美好的春日伐竹除草、修理茅屋时，严武在四月里忽然死去了。严武一死，使杜甫在成都失却凭依，他不能不在五月率领家人离开草堂，乘舟东下。临行时写了这样一首诗：

五载客蜀郡，一年居梓州。如何关塞阻，转作潇湘游。万事已黄发，残生随白鸥。安危大臣在，不必泪长流！（《去蜀》）

杜甫自从760年春在浣花溪畔建筑草堂到这时只有五年半的岁月，再减去梓州、阆州的一年又九个月，他在草堂的居留还不满四年，但他却使这一片地方成为中国文学史上的一块圣地。从这里产生了不少的传说，据说每逢四月十八日，成都的住民都到草堂游览，年年在那天都是晴天，从来遇不到下雨的天气。并且浣花溪水也是那样净洁，后来女诗人薛涛（768—831？）用这里的水制造出各种颜色的笺纸。此外唐代成都的街坊祠庙如锦里、石笋街、果园坊、石镜、琴台、先主庙、武侯祠……也都由于杜甫的歌咏垂名后世。

夔府孤城

杜甫在五月里乘舟东下，经过嘉州（四川乐山）、戎州（四川宜宾）、渝州（重庆）、忠州（重庆忠县）——在忠州江边的龙兴寺住了两月——九月里到了夔州以西的云安县（四川云阳）。这一路他写的诗不多，从一首《旅夜书怀》里可以知道他旅途上的情形：

细草微风岸，危樯独夜舟。星垂平野阔，月涌大江流。名岂文章著，官应老病休。飘飘何所似？天地一沙鸥。

到了云安，他便不能继续前进了，因为一路上感受湿气，肺病和风痹发作，致使他脚部麻痹，需要休养。

他在云安住在县令严某的水阁里，这水阁面临大江，背负高山，杜甫倒卧在床上，经过一冬，直到第二年的春天。在江上和江边他终日只看见——

负盐出井此溪女，打鼓发船何郡郎？（《十二月一日三首》之二）

山里边则是——

人虎相半居，相伤终两存。（《客居》）

尤其在春天，昼夜不断的是杜鹃啼叫的声音。据蜀地的传说，这种羽毛惨黑、啼声凄苦的鸟是杜宇的化身。杜宇是蜀人古代的领袖，曾率领蜀人开垦田地，兴筑水利。一个英明的国王死后却变成这样可怜的哀鸟，引起杜甫无限的同情，所以他在成都时，每逢暮春听到杜鹃的啼声，便依从蜀人的习惯，起身再拜，表示敬意，如今他卧病旅中，不能起立，不觉便“泪下如迸泉”了。

严武死后，郭英乂继任西川节度使兼成都尹。郭英乂在成都暴戾骄奢，士兵怨恨，十月，严武旧日的部下汉州刺史崔旰率兵攻郭英乂，英乂逃亡简州（四川简阳县东），被普州（四川安岳）刺史韩澄杀死。韩澄把他的首级送给崔旰。邛州（四川邛崃）牙将柏茂琳、泸州（四川泸县）牙将杨子琳、剑州（四川剑阁）牙将李昌巙又联合起来讨伐崔旰。因此蜀中大乱，商旅断绝，吴盐运不进来，蜀麻也输不出去。同年在陇右和关内，从二月到九月，党项羌、吐谷浑、吐蕃、回纥不断入侵，人民又一批一批地逃难入蜀，而屯驻在汉水上的官军和侵入的外族是同样残暴。杜甫在云安听到这些消息，写成《三绝句》。第一首写蜀中的紊乱：

前年渝州杀刺史，今年开州（四川开县）杀刺史；群盗相随剧虎狼，食人更肯留妻子?

第二首记载人民流亡的情形：

二十一家同入蜀，惟残一人出骆谷（秦蜀要道）；自说二女啮臂时（把女孩丢在路上分手时），回头却向秦云哭。

最后一首写官军的残暴：

殿前兵马虽骁雄，纵暴略与羌（党项羌）浑（吐谷浑）同；闻道杀人汉水上，妇女多在官军中。

这些诗的真实性远超过当时其他的史籍。

后来杜甫的病渐渐减轻，晚春时才从云安迁往夔州（四川奉节）。唐代的夔州属山南东道，设有都督府，州治在鱼复浦和西陵峡的中间，瞿塘峡附近，与后汉初年公孙述建筑的白帝城相接连，在现在的奉节县城东十余里的地方。杜甫从766年四月到768年正月在夔州居住，不满二年，中间却经过几度的迁移。他刚到时，暂住山腰上的“客堂”，随后迁居城内的“西阁”。秋后柏茂琳为夔州都督，给杜甫许多帮助。州东的东瀼溪两岸有公田百顷，据说公孙述曾经在这里屯田，所以叫作东屯，杜甫在这里租得一些公田耕种。767年春他搬到赤甲山，赤甲山在夔州的城东，与东屯白帝城为邻。三月，柏茂琳把州西的西瀼溪以西的四十亩柑林赠给他，他又迁入瀼西的草屋，瀼西是现在奉节县城的所在地。秋天，他回到东屯，把瀼西草屋借给从忠州来的吴某。他在东屯居住，一直住到离开夔州的那一天。

杜甫最初居住的“客堂”，是在山坡上架木盖起的简陋的房屋；这类的房屋散布在山腰，好像是鸟巢一般。他到这里第一步的工作，就是按照夔州人民的习惯，用竹筒把水从山泉引到他居住的地方。因为山地不能掘井，喝水只能用这种方法，所以在夔州的山中蟠绕着无数引水的竹筒，有的长到几百丈。他派遣他的仆人阿段走入深山，寻求水源；有时竹筒损坏了，命仆人信行去修补。又因为乌鸡能医治风痹，他养了许多鸡，并且催促他的长子宗文在墙东竖立鸡栅……对于生活上的一些琐事，他下了一番布置的功夫。

夔州是三峡里的山城，这里的山川既雄壮又险恶，杜甫一到这里，便起始爱用惊险的文字描画它们。他一再歌咏的是白帝城，他感到这座城是——

江城含变态，一上一回新。（《上白帝城二首》之一）

此外像滟滪堆、瞿塘峡、鱼复浦、八阵图、瀼东、瀼西、遥遥对立的赤甲白盐二山，以及武侯祠、高唐观，都给新来的杜甫一些深刻的印象。这些地名不断地出现在他夔州初期的诗中。夔州的全部形势，可以概括在这四句诗里：

中巴之东巴东山，江水开辟流其间；白帝高为三峡镇，瞿塘险过百牢关。（《夔州歌十绝句》之一）

另一方面，给杜甫的印象最深的，是夔州人民的生活。他看见夔州的许多女子因为男丁缺乏，到了四五十岁还没有结婚，她们每天到山上砍柴背到市上出卖，供养一家，有时还冒着危险贩卖一些私盐回来。人们不深究原因，只说，她们面貌丑陋，所以找不到丈夫；杜甫却反过来问：

若道巫山女粗丑，何得此有昭君村？（《负薪行》）

他看见峡中的男子，少数富有的驾着大船经商，大多数贫穷的终生充当劳苦的船夫，人们说，这里的人都器量狭窄，只图眼前的利益，杜甫也反过来问：

若道士无英俊才，何得山有屈原宅？（《最能行》）

峡中的人民大部分过着穷苦可怜的生活，而夔州却是阔绰的估客胡商必经之地，这两种生活的对照杜甫也写得很清楚：

蜀麻吴盐自古通，万斛之舟行若风；长年（篙师）三老（柂工）长歌里，白昼摊钱（商人赌博）高浪中。（《夔州歌十绝句》之七）

除了歌咏山川和人民生活外，杜甫在这时有了充裕的时间回忆他的青年时代。他在这偏僻的山城与外边广大的世界隔绝，朋友稀少，生活平静，因此过去的一切经历在他的面前活动起来。他写了不少长篇的诗叙述他过去的生活。他写《壮游》诗，从七岁学诗起经过吴越齐赵的漫游、长安时代、安史之乱，一直到滞留巴蜀，是一篇完整的自传。他写《昔游》和《遣怀》，叙述他和李白、高适的梁宋之游与当时社会的状况。他在《又上后园山脚》里写他早年登泰山时的情景。在《往在》诗中把安史之乱以来历史上的大事故写得淋漓尽致。他追忆长安往事，写成《洞房》《宿昔》等八首五律。这都是有组织有计划的著作，此外在些个别的诗中也有不少地方提到过去生活的诗句：时而提到他在咸阳市上看到过巫峡的画图，时而提到壮年时游猎的乐事，时而提到游吴越时登过西陵古驿楼，时而在立春日想到两京的全盛时代，时而回忆灞上的春游，时而惦记洛阳的土娄庄……这些诗都成为关于杜甫生活的宝贵的材料，若是没有它们，我们几乎无法知道杜甫在三十岁以前是怎样生活的，虽然我们从这里得到的也并不完全。

他还写了八首长诗，怀念八个人物，集在一起，叫作《八哀诗》。其中有他钦佩的前辈张九龄、李邕，有逝世不久的名将王思礼、李光弼，有给他很大帮助的李琎、严武，有他最亲密、彼此最没有猜疑的好友郑虔、苏源明。这八首诗无异于八篇传记，但它们只有历史的价值，艺术方面并不算是成功的作品。

杜甫在这时因为与外面的世界脱离，作诗的态度有时改变了。他在成都草堂时说他写诗的态度是：

为人性僻耽佳句，语不惊人死不休。老去诗篇浑漫与，春来花鸟莫深愁。（《江上值水如海势聊短述》）

前两句说他长安时代以来对于诗的努力，极力避免庸俗，生活越艰难，作诗也越刻苦；后两句则说明在草堂的生活较为清闲，对着美丽的自然界可以信口成章了。无论是刻苦努力，或是信口成章，由于他有充实的生活体验，都能写出像他天宝末年以后那样富有创造性的诗歌。但是到了夔州，他又把一部分的精力用到雕琢字句、推敲音律上边去了。他在《遣闷戏呈路十九曹长》里说——

晚节渐于诗律细。

又在《解闷十二首》里说——

颇学阴（阴铿）何（何逊）苦用心。

并且在指导他的儿子宗武学诗时，也教他熟读《文选》，以便从中采撷辞藻：这好像他又要把诗歌扯回到“研揣声病、寻章摘句”的时代里去。但杜甫夔州时代的诗并不是每一首都是这样写成的，他用这种态度写出来的代表作品最明显的是《秋兴八首》《诸将五首》。这些诗里不是没有接触到实际的问题，不是没有说到国家的灾难与人民的贫困，不是没有写出时代的变迁和自己热烈的想望，可是这些宝贵的内容被铿锵的音节与华丽的辞藻给蒙盖住了，使后来杜诗的读者不知有多少人只受到音节与辞藻的迷惑与陶醉，翻来覆去地诵读，而不去追问：里边到底说了些什么？因此在解释上也发生分歧。与此相反，反倒是在《写怀》里毫不费力写出来的——

无贵贱不悲，无富贫亦足。

读起来觉得亲切动人；而像《宿江边阁》里——

不眠忧战伐，无力正乾坤。

那样的诗句足以表达出诗人的人格。

上边的那些诗大部分都是在西阁写成的。767年三月，他迁居瀼西，这时他耕种着东屯的一部分公田，培植瀼西四十亩的柑林，仆人的数目也增加了；仆人中除了前边提到的阿段、信行外，还有伯夷、辛秀、女仆阿稽，这些人大半都属于本地的彝族。他领导他们在林中伐木，采撷医治风痹的卷耳，有时也派遣他们到东屯调查稻田耕种的情形，因为柑林他亲自经营，东屯的田地则交给行官张望管理。他的生活可以维持了，但他并没有忽略他周围穷苦的声音：蜜柑本来是名贵的水果，但是本地人都不敢种植，他们怕种好了便被豪吏占去；邻里的一个老人也常常诉苦，他说，公家的追索永久没有完结，无论是旧米新豆都要送入官府。杜甫把这些现象都写入他的田园诗中。他说：

> 乱世诛求急，黎民糠籺窄。饱食亦何心？荒哉膏粱客！富家厨肉臭，战地骸骨白。（《驱竖子摘苍耳》）

这样的诗句使人想到十二年前的“朱门酒肉臭，路有冻死骨”，可是没有那样尖锐了。

这时诗人元结任道州（湖南道县）刺史。道州刚刚经过变乱，原来的四万余户只剩下不满四千，人民再也没有力量缴纳赋税，但是上级催促，不准缓期，元结为此写了《春陵行》与《贼退示官吏》二诗。元结在前一章诗里说：

> 州小经乱亡，遗人实困疲。大乡无十家，大族命单羸。朝餐是草根，暮食是木皮；出言气欲绝，言速行步迟。追呼尚不忍，况乃鞭扑之？

在后一首里说：

> 城小贼不屠，人贫伤可怜。是以陷邻境，此州独见全。使

臣将王命，岂不如贼焉？今彼征敛者，迫之如火煎。谁能绝人命，以作“时世贤”（所谓“好官”）？

杜甫在夔州见到元结的这两章诗，十分感动，想不到在这时又读到继承《诗经》传统、合乎“比兴体制”的诗，他写成《同（和）元使君春陵行》，他说元结的诗是——

两章对秋月，一字偕华星。

同时他述说他自己的情况是——

我多长卿病（消渴病即糖尿病），日夕思朝廷；肺枯渴太甚，漂泊公孙城（夔州）。

杜甫在夔州，身体时好时坏，疟病、肺病、风痹、糖尿病都不断地缠绕着他，最后牙齿落了一半，耳也聋了，几乎成了一个残废的老人。他在这种情形下，两年内写了四百三十余篇诗，占有他全集诗中的七分之二，而且其中有不少的长篇，这是一个丰富的创作时期。由于生活的限制，在内容和思想上比起过去的作品都略有逊色，但其中也不缺乏能与《同谷七歌》先后媲美的、响彻云霄的悲歌，例如——

风急天高猿啸哀，渚清沙白鸟飞回。无边落木萧萧下，不

尽长江滚滚来。万里悲秋常作客，百年多病独登台。艰难苦恨繁霜鬓，潦倒新亭（停）浊酒杯（因病断酒）。（《登高》）

又如在西阁的夜里写的——

岁暮阴阳催短景，天涯霜雪霁寒宵。五更鼓角声悲壮，三峡星河影动摇。野哭千家闻战伐，夷歌几处起渔樵。卧龙（诸葛亮）跃马（公孙述）终黄土，人事音书漫寂寥。（《阁夜》）

在这悲凉的歌声以外，杜甫也曾为了时局一时的好转感到欢悦。

我们在前边提到过，安史乱后李氏朝廷便丧失了中央集权的能力，各地节度使一天比一天跋扈。河北收复，只不过是形式的，那一带的节度使多半是安禄山、史思明的旧部，他们和中央更是貌合神离，从来没有把中央政府看在眼里。杜甫渴望国家能够得到真正的统一，所以就希望他们和中央接近。766年十月，代宗生日，许多节度使入朝祝寿，这消息传到夔州，据说河北一带的节度使也在内，杜甫便觉得国家是真正统一了，他一时兴奋，写出《承闻河北诸道节度入朝欢喜口号绝句十二首》，其中的第三首：

喧喧道路多歌谣，河北将军尽入朝；自是乾坤王室正，却教江汉客魂销。

他又听说，各地节度使入朝时，带来许多金帛、珍玩，值缗钱二十四万，献给代宗；门下侍郎常衮说，节度使们既不能耕，也不能织，这些宝物都是从人民那里取来的，劝代宗不要接受，但是代宗并没有听他的劝告，都收下了。所以十二首里有一首这样说：

英雄（指常衮）见事若通神，圣哲为心小一身；燕赵休矜出佳丽，宫闱不拟选才人。

诗里的口气句句都是肯定的，实际上和事实正相反，这不过是杜甫的希望。

768年新春，杜甫以同样快乐的语调歌颂另一个好消息。767年九月，吐蕃率众数万，围攻灵武；十月，朔方节度使路嗣恭破吐蕃于灵武城下，吐蕃败退。杜甫写出《喜闻盗贼总退口号五首》。除了庆祝胜利外，他还批评了过去对待吐蕃的政策：唐和吐蕃本来可以和平相处，只由于天宝以来边将好大喜功，从事杀伐，引起吐蕃的入侵，一次比一次严重，所以杜甫说：

赞普（吐蕃君长称呼）多教使入秦，数通和好止烟尘；朝廷忽用哥舒将，杀伐虚悲公主亲。

杜甫在767年秋从瀼西又迁住东屯，把瀼西的草屋让给从忠州来的吴某居住。这草屋的西邻有一个穷苦的妇人，常在杜甫屋前的枣树旁打枣儿吃，杜甫从来不干涉她。如今这草屋搬来新的主人却要插篱防止，杜甫劝他不要这样做，写了一首非常感人的诗送给吴某：

堂前扑枣任西邻，无食无儿一妇人；不为困穷宁有此？只缘恐惧转须亲。即防远客虽多事，便插疏篱却任真。已诉征求贫到骨，正思戎马泪盈巾！（《又呈吴郎》）

这是多么亲切婉转！从有关国家兴亡的大变故到一个无食无儿的妇人，都引起杜甫深切的关怀，而杜甫也能够从这样的一个小事件立即想到十年的“戎马”。

杜甫最好的朋友，以及他同时代的第一流的诗人，除了岑参还在嘉州做刺史外，大都死去了。他这时所思念的只有孟云卿、薛据、郑审、李之芳。孟云卿和杜甫曾经在洛阳道上相遇，薛据和他共同登过长安的慈恩寺塔，郑审是郑虔的弟弟，李之芳是他漫游齐鲁时的齐州太守。他的亲戚崔漠赴湖南时，他托他告诉在荆州的薛据和孟云卿，很希望和他们讨论诗歌；对于郑审和李之芳，他却写了一百韵的《夔府咏怀》，是杜甫诗集中一首最长的诗。可是这些人和杜甫并没有多么深厚的友谊。至于夔州都督柏茂琳，他虽然给杜甫许多帮助，常常打发园官给他送瓜送菜，杜甫也替他办理一些文书上的工作，但他与杜甫的关系恐怕和梓州的章彝差不多。

另一方面，开元天宝时代的艺人却有不少人流落山南。杜甫在柏茂琳的筵前就听到过李仙奴唱歌，在767年十月十九日他又在夔州长史元持的家里看到临颍李十二娘的剑器舞。她舞蹈的技术与众不同，人们问她跟谁学的，她回答说，她是公孙大娘的弟子。在问答间，杜甫立即想起他儿童时在郾城观公孙大娘舞剑器浑脱时的情景——这个经过一生忧患、而今身衰体病的五十六岁的诗人又有一瞬间能够回到了五十年前那雄歌健舞的富庶的时代。

悲剧的结局

杜甫无论在什么时期，都有怀念他的弟弟的诗。从他的诗里我们知道，他几个弟弟的名字是杜颖、杜观、杜丰、杜占。杜占和杜甫在一起的时间较长，他曾经随着杜甫从秦州到西蜀；杜观一向在山东；764年秋，杜颖到过成都看望杜甫，不久便往山东去了；杜丰自从安史乱后就和他们的姑母留在江东，杜甫已经许久得不到他的消息。767年，杜观到了荆州（江陵），又到夔州和杜甫会面，随后去蓝田结婚，结婚后又回到荆州。他在荆州附近的当阳，不断地写信给杜甫，劝他出峡。杜甫因为夔州气候恶劣，朋友稀少，生活虽可以维持，也不想在这里久住，如今得到杜观的来信，更增强他出峡的念头，他决定在768年正月中旬起程。他行前把瀼西四十亩的果园赠给“南卿兄”（这人也许就是借住瀼西草堂的吴某）。于是按照计划，在早春时从白帝城放船，出瞿塘峡，经过险要的三峡，在船上写了四十韵排律，把他一生的挫折又温习了一遍。但他同时渴望着到江陵后的第一件事就是去参观著名的天皇寺，因为那里有王羲之的笔迹和张僧繇画的孔丘及其弟子的画像。

自从安史之乱以来，关内的人民大批逃入西蜀，洛阳以及邓州、襄州一带的居民则投奔江湘，因此荆州得到十倍于往日的繁荣。它成为一个交通枢纽，往北可以经过襄阳到洛阳、长安，往南可以到达潭州（长沙）、桂林、广州，至于联系吴蜀，出峡入峡，它更是必须经过的地方。所以在760年，它获得这样重要的意义，曾经一度被称为南都。杜甫来到这里，并没有长久居住的打算，他想停留一些时日，然后再定行止，或是北归长安，或是沿江东下。可是在二月杜甫刚到荆州时，商州（陕西商县）兵马使刘洽杀死防御使殷仲卿叛变，广袤六百里的商於地区（河南淅川县西）陷入混乱状态，交通阻隔，等到八月，吐蕃进攻凤翔，长安又受到威胁。这些事变都使他不能不放弃北归的计划。江东是他青年时漫游的地方，他保有许多美好的回忆，在夔州时他也曾嘱托一个往扬州去的胡商，打听淮南的米价，以便有机会时到那里去居住。但江东的姑母和弟弟杜丰都久无消息，此外再也没有人事的因缘，对于那里的生活他并没有多少把握。因此他只好留在荆州。

这时卫伯玉为荆南节度使，封阳城郡王，很得到朝廷的信任；杜位在节度使署里任行军司马；郑审为江陵少尹。杜甫和这些人都有相当的关系。他在夔州时就写诗颂扬过卫伯玉；杜位是他的从弟，在长安时他曾在杜位家里度过天宝十载的除夕，后来又一同在严武的幕中工作；郑审是郑虔的弟弟。杜甫到了荆州，本想从他们那里得到一些帮助，但实际上他得到的帮助很有限，生活却一天比一天恶劣，身体也一天比一天更为衰老。他的弟弟杜观，不知什么缘故，在他的诗里再也没有出现。他耳聋了，客人和他谈话时须把要说的话写在纸上；右臂偏枯了，写信须儿子代书。丑陋而衰老的容颜受尽幕府中官僚的冷淡。他有时去拜访他们，扶杖步行，传达不肯通报，想乘轿子，又没有钱去雇。他在《秋日荆南述怀三十韵》里写他当时的生活：

苦摇求食尾，常曝报恩鳃；结舌防谗柄，探肠有祸胎。苍茫步兵（阮籍）哭，展转仲宣（王粲）哀；饥藉（借）家家米，愁征处处杯。

这是一个多么可怜的形象：写过《赴奉先县咏怀》，写过《北征》，写过“三吏”“三别”，写过无数壮丽诗篇的杜甫，从长安时起就尝尽残杯冷炙的辛酸，如今又沦落到这种地步，从这里更可以看出，当时的封建社会对待一个伟大的诗人是多么残酷！就是他本人也觉得无法可以自解了，他在另一首诗里说：

我行何到此？物理直难齐。（《水宿遣兴奉呈群公》）

他的生活在荆州不能维持，晚秋时迁居到江陵以南的公安县。他在江陵南浦登船，写诗寄给郑审说：

更欲投何处？飘然去此都。形骸元土木，舟楫复江湖。社

稷缠妖气，干戈送老儒。百年同弃物，万国尽穷途。（《舟中出江陵南浦奉寄郑少尹审》）

从这样的诗句里我们会感到，杜甫是无路可走了，他的诗歌也唱到最后的一个阶段，在这阶段里说到自己的境遇时，已经没有多少高亢的声音，只有些日暮穷途的哀诉。虽然如此，他并没有放弃他诗人的责任，反映人民的生活。他说，他老年看花，模糊不清，好像在雾里观看一般，但是他看湘江一带人民的痛苦，却看得和从前一样清晰。

他在公安没有居住多久。在短时间内曾经和当时著名的书家顾诫奢、诗人李贺的父亲李晋肃相遇，他都有诗赠给他们。后来公安也发生变乱，他乘船到了岳州（岳阳）。暮冬时节，他看着洞庭湖边人民的生活，写出他晚年最重要的杰作《岁晏行》。这首诗每四句述说人民的一种痛苦，最后用两句做一个总的结束：

岁云暮矣多北风，潇湘洞庭白雪中。渔父天寒网罟冻，莫徭（一种少数民族）射雁鸣桑弓。（岁暮一般的景象）去年米贵阙军食，今年米贱太伤农；高马达官厌酒肉，此辈杼柚茅茨空。（耕田织布的劳动者）楚人重鱼不重鸟，汝休枉杀南飞鸿！况闻处处鬻男女，割慈忍爱还租庸。（卖儿女缴纳租税和代役的绢）往日用钱捉私铸，今许铅锡和青铜。刻泥为之最易得，好恶不合长相蒙（币制的紊乱）！万国城头吹画角，此曲哀怨何时终？

他随后从岳州乘船经过潭州到衡州（衡阳），在上水的航行中经过许多险滩。在这一段的纪行诗中，他一方面歌颂篙工的智慧与努力，时而说“篙工密逞巧，气若酣杯酒”，时而说“舟子废寝食，飘风争所操”，他另一方面也看到江边穷苦的人民——

石间采蕨女，鬻市输官曹。丈夫死百役，暮返空村号。（《遣遇》）

人民是这样穷困，而官家的征敛有增无已，到了一无所有时，能呈献出来的，只有血和泪了。杜甫把这情形，凝练成一首非常完美的寓言诗：

客从南溟（南海）来，遗我泉客珠（泉客即鲛人，传说鲛人的眼泪变为珍珠）。珠中有隐字，欲辨不成书（人民的痛苦无法申诉）。缄之箧笥久，以俟公家须；开视化为血——哀今征敛无！（《客从》）

他到衡州，本来想投奔在郇瑕时彼此相识、如今任衡州刺史的韦之晋。不料他在路上时，韦之晋已改任潭州刺史，他刚下了船，便不得不和他所投奔的人告别；而且韦之晋刚到潭州，便在四月里死去。杜甫到处碰壁，在这年的夏天又离开衡州。他甚至在陆地上再也没有安身的处所，此后他一年半的岁月大部分都是在船上度过的。

他在夏末到了潭州，船成了他的家。他残废多病，有时在渔市上摆设药摊，出卖药物来维持生活。一天，有一个名叫苏涣的来拜访他，在茶酒间把他近来写的诗在杜甫面前诵读，杜甫听了，觉得句句动人，小小的船篷里充溢着金石的声音。他在钦佩与惊奇的情绪中说苏涣的诗超过黄初（三国魏文帝年号）时代的诗人。他们二人对面坐着，有如生不同时的司马相如和扬雄忽然会晤了，这些诗的力量有这样大，使杜甫觉得好像白发里生出黑发，船帘外仿佛听到湘娥在水上悲啼。此后苏涣便常到鱼市来看杜甫，杜甫也常到苏涣的茅斋里畅谈，直到770年四月臧玠叛变，他们二人一同逃出了潭州。

关于苏涣，我们没有充足的材料，无法知道他是怎样一个人。根据旧日的记载，他少年时在巴蜀一带做过“强盗”，善于使用白弩，被人称为“弩跖”，来往的商人都怕遇到他。后来他放弃了这种生活，专心读书，进士及第，潭州刺史崔瓘请他做府中的从事。臧玠乱起，他流亡交广，773年劝循州（广东惠阳）刺史哥舒晃在岭南起事，失败后被杀。我们不知道，苏涣在杜甫面前诵读的是什么诗；《全唐诗》里有他在广州写的三首《变律》——本来十九首，存三首——和一首《赠零陵僧》。《变律》里有这样的诗句：

一女不得织，万夫受其寒；一夫不得意，四海行路难。

这诗句虽然是取自古人的成语，但从中可以看出，作者对于当时的社会是怀抱不满的；再从他前后的行径看来，他是一个用游侠或起义的方式对社会表示反抗的人。杜甫不但钦佩他的诗，而且惊叹他的为人。的确，在杜甫晚年，与之周旋的都是些庸俗的官吏，苏涣的出现至少可以给他一些爽朗的、超脱庸俗的感觉。所以他后来流亡衡州，曾经向衡州刺史阳济推荐苏涣，把苏涣比作剧孟，比作白起。但是阳济并没有用这个奇异的人。

这时开元天宝时代著名的音乐家李龟年也流落潭州，每逢良辰美景，便给江南的人士唱几首只有他才能唱得出来的歌曲，使听者感动得流下泪来。他也常在湖南采访使的筵席上歌诵王维“红豆生南国”一类的诗篇，因而传遍江南。杜甫在770年的落花时节也遇到了这个绝代的歌人，正如他在夔州由于李十二娘的剑器舞而想到公孙大娘一般，他回想他十四五岁时在李范与崔涤的邸宅中和他见面的情景，写出我们在《童年》章里已经读到过的那首著名的绝句。

忽然在一个四月的夜里，潭州城内火光冲天，湖南兵马使臧玠杀死潭州刺史兼湖南都团练观察使崔瓘，潭州大乱。杜甫又不得不携带妻子驾着他的小船南下，到了他去年一度来过的衡州。他漂流没有定所，四海虽大，如今再也没有一个容身的地方了，他在中途写了一首《逃难》诗：

> 五十白头翁，南北逃世难。疏布缠枯骨，奔走苦不暖。已衰病方入，四海一涂炭。乾坤万里内，莫见容身畔。妻孥复随我，回首共悲叹。故国莽丘墟，邻里各分散。归路从此迷，涕尽湘江岸。

在闷热的船篷里他想到十几年的丧乱以来，广大的人民有的死于寇盗，有的死于官兵，有的死于赋役，有的死于饥寒，有的死于路途的劳苦……他把这些惨痛的亲身经历凝练在一句五言诗里：“丧乱死多门。”这五个字说尽了人民在战乱中担受的一切痛苦。

他在衡州，计划南下郴州，因为他的舅父崔伟在郴州任录事参军。他溯着郴水入耒阳县境，遇见江水大涨，停泊在方田驿，五天得不到食物。耒阳县令聂某得到这个消息，立即写信问候他，给他送来丰富的酒肉。他接受了这宝贵的赠品，曾经写过一首诗感谢聂县令。但是水势不退，他无法前进，不能当面把这首诗交给聂县令，只好掉转船头，又回衡州北上。等到水落了，聂县令派人寻找杜甫，却再也找不到杜甫的踪迹，他以为杜甫必定是在水涨时被水淹死了，为了纪念这个诗人，在耒阳县北不远的地方给他建立了一座空坟。由于这座空坟，产生了一个传说：杜甫饿了许多天，一旦得到聂县令送来的白酒牛肉，在痛饮饱吃之后，一晚便死去了。这传说从唐中叶以后便传布得很广，它和李白醉后水中探月而死的故事是同样地荒诞无稽。

事实上，杜甫被洪水阻住，不能南下郴州，只好改变计划，想北上汉阳，预备沿着汉水回长安去。计划尽管是计划，贫穷与疾病却使他没有走出湘江的能力。从秋到冬，他的小船只是在湘江上漂浮着。由于长期的水上生活，风痹病转剧，他倒卧在船中，写出一首三十六韵的长诗《风疾舟中伏枕书怀》，是他最后的一篇作品。在这首诗里，他写他从舟中看到的凄惨的景物是：

故国悲寒望，群云惨岁阴；水乡霾白屋，枫岸叠青岑；郁郁冬炎瘴，濛濛雨滞淫；鼓迎非祭鬼，弹落似鸮禽。

他写他的贫穷，是终日以藜羹度日，从成都草堂带出来的乌皮几早已靠散，用绳子重重捆起，身上穿的衣服寸寸都是补丁。他写他的疾病，是吃下药去便汗水涔涔；他看他的死期已经临近，北归是不可能了。在这情况下，他并没有忘记国家的灾难，他在这诗里写着——

战血流依旧，军声动至今。

这首诗写出不久，他在湘江上的舟中死去了。这是770年（代宗大历五年）的冬天，他五十九岁。

他死后，家人无力安葬，把他的灵柩厝在岳州。四十三年后，813年（元和八年），他的孙子杜嗣业经过很大的努力才从岳州把杜甫的遗体搬运到偃师，移葬在首阳山下，在杜预墓的附近，杜审言墓的旁边。杜嗣业搬移他祖父的灵柩时，路过荆州，遇见诗人元稹，元稹给杜甫写了一篇墓铭，他说，自有诗人以来，没有像杜甫这样伟大的。

写到这里，这个伟大的诗人的一生便结束了。这是一个悲剧。这是一个正直的诗人在封建社会里必然的悲剧。自从天宝末年以来，国家的灾难日渐严重，人民的痛苦日渐加深，杜甫面对现实，写出许多替人民诉苦、为国家担忧的不朽的诗篇。他同时把灾难的解除与痛苦的减轻寄托在当时的统治者身上。可是这些统治者既不能抵御外侮，更不会把人民放在心上，只是想尽方法维持自己的地位与特权；他们对于强悍的外族不惜委曲求全，对本国人民的剥削却更为残酷。他们并不能解除灾难，反而制造灾难，并不能减轻人民的痛苦，反而加重痛苦。杜甫究竟是一个官僚家庭出身、受儒家影响很深的人，他在当时不可能怀疑到这套封建的体系，对皇帝存在的意义也不会产生疑问。在矛盾的情况中，他对于皇帝——玄宗、肃宗、代宗时而歌颂，时而讽喻，时而抱着无限的希望，时而感到极大的失望，他的进步性发展到759年可以说是达到顶点，此后他再也不能超越这个顶点了。

但是异族的侵犯，人民大批地死亡与逃亡，在杜甫有生之年以内却没有达到止境。当歌颂与讽喻都失却作用时，他只有梦想唐太宗时代的再现；当他看着人民无法生存时，只希望皇帝能够减轻赋税，节制征役。事实上，唐太宗时代的再现是不可能的，向皇帝要求减税节役更无异于缘木求鱼。最后只有怀着伤感的心情放弃了早年“致君尧舜”“整顿乾坤”的念头，但他却始终不曾取任何一个方式逃避现实，直到死亡的前夕他还念念不忘国家的不幸。

自从安史乱后，国内各处都接连不断有变乱发生。这些变乱按照性质的不同可以分为两种：一种是农民的痛苦到了无法忍受时，便发生小规模的农民起义；一种是军阀们争夺地位，互相残杀。杜甫对这两种性质不同的变乱分得并不清楚。但他由于与人民接触的机会较多，深切地感到贫富悬殊是许多变乱的根源，并且从这里认识出，统治者所谓的“盗贼”本来都是无路可走的人民。至于军阀们的争夺残杀与官兵的暴戾，杜甫则在他的诗里表示出极端的憎恨。

杜甫的诗反映了一个复杂多变的时代的历史，描画了祖国一部分险要而壮丽的山川。他一生各处流浪，长期生活在人民中间，所以他大量地采用了、提炼了人民的语言，使他的诗能有那么多新奇的变化，有充足的力量来表达他所经历的一切。同时他的诗里也有一部分是古典的堆砌，是技巧的玩弄，这些诗都是什么时候写的呢？多半是当他为了求得一官半职，投赠当时有权势的王公大臣的时候，当他在皇帝身边做左拾遗只感到“天颜有喜近臣知”的时候，当他在西蜀荆潭与各处幕府里的官僚们相周旋的时候。这些诗，总的说来是不值得我们赞赏的。

杜甫的一生是一个不能避免的悲剧，尤其因为当时封建的统治阶级只把诗人看成是它的清客和帮闲，看成它的点缀，从来不能容忍他充作人民的喉舌，谁的诗歌里有人民的声音，谁的生活便会受到冻馁的威胁。现在，一切的情况与从前迥然不同了，我们的新中国会有更多的人民的诗人产生，但是他们不会遭到像杜甫所经历的那样的命运，更不会得到像杜甫那样的悲剧的结局。

附录一

人间要好诗

今年的春节风和日暖，万里无云，远远近近是一片欢腾的声音，我在明净的窗前阅读杜甫诗集，随时都想到白居易《读李杜诗集因题卷后》一诗中最后的两句：“天意君须会，人间要好诗。”这两句诗使我感到有双重的深远意义：我们这丰富而伟大的时代，人民进行着旷古未有的斗争和建设，需要有好诗来歌颂和反映；作为后代的人，回顾过去的历史，我们也需要通过不嫌其多的好诗把它认识得更清楚、更生动。关于前者，当代的诗人要互相勉励，做更多的努力；关于后者，古人的确给我们留下了大量优秀的诗篇，把过去人民的现实生活和精神世界描绘得有声有色，像《诗经》和汉魏乐府，像屈原和陶潜、李白和杜甫等人的著作，是多么使我们足以自豪。

因此我在读杜甫诗的时候，对于杜甫的一些不朽的诗篇，以及其中许多的“清词丽句”就更为爱惜了。杜甫的诗的内容无论是它的广泛性或是它的深刻性都超过了杜甫以前的和与他同时代的诗人的作品。杜甫的诗的价值，世人早有定评，这里不想多说。我只想谈一谈杜甫诗里常常使人感到的一种乐观的精神。

杜甫的时代是从“开元全盛日”转变为“战伐乾坤破，疮痍府库贫”“路衢唯见哭，城市不闻歌”的时代。杜甫的一生是从“放荡齐赵间，裘马颇清狂”转变为贫病交加、流离道路的一生。杜甫写他的时代和他自己的生活都是蘸满血泪，沉郁悲哀，但是读者读了他的诗，并不因而情绪低沉，反倒常常精神焕发，意气高昂。这是什么缘故呢？主要是他那百折不挠的乐观精神在字里行间感染着读者。

例如759年，是杜甫一生里最困苦的一年。前半年他仆仆于“园庐但蒿藜”的洛阳道上，后半年他跋涉在艰险崎岖的陇蜀途中。有名的“三吏”“三别”《秦州杂诗》，以及由陇入蜀的纪行诗都是这一年内完成的。这些诗无论是写民间的疾苦，或是个人的灾难，兀立读者面前的诗人的形象可以用《秦州杂诗》中两句咏马的诗来形容：“哀鸣思战斗，迥立向苍苍。”同时他也越来越清楚地意识到“世人共卤莽，吾道属艰难”，因此他就百折不回地担负起这个“艰难”。在同谷县时，他穷困到了极点，每天在山谷里拾橡栗充饥，把一柄挖掘黄精的长镵托以为命，但是这时他写的《乾元中寓居同谷县作歌七首》，把残酷的现实和丰富的想象结合在一起，他引吭高唱，不管唱得多么凄凉，他也不放弃希望，唱到第六首歌时，竟唱出“溪壑为我回春姿”。

杜甫一生关怀国运，蒿目民艰，可是他实际的政治生活却非常短促，虽然如此，他那“穷年忧黎元”的热诚并没有丝毫退减过。他也说过“安危大臣在，不必泪长流”，这不过是一时的解嘲，实际上他那忧国忧民的泪是一直流到他死亡的前夕。他从不消极退缩，他无时无刻不希望有一天政治能够清明，人民的生活能够改善，他锲而不舍，一再地写出像“不眠忧战伐，无力正乾坤”那类的诗句。他不但自己是这样，他对于有职位的朋友也常常勉励说：“临危莫爱身”“早据要路思捐躯”。

但是他的胸襟并不因为这种锲而不舍的执着态度变得忧郁狭窄，而永远是阔大开朗的。他的广阔的胸怀往往通过自然界的壮丽景色给表达出来。像《登岳阳楼》这首有名的诗，“亲朋无一字，老病有孤舟；戎马关山北，凭轩涕泗流”，写的是诗人的处境，是客观存在。可是在这四句的前边他写出，“昔闻洞庭水，今上岳阳楼；吴楚东南拆，乾坤日夜浮”，这当然也是客观存在，但作者首先要有一个广阔的胸怀，才能把洞庭湖的气象写得如此浩大。同样情形，当他感慨于“名岂文章著，官应老病休”时，他的面前是“星垂平野阔，月涌大江流”；当他叹息“万里悲秋常作客，百年多病独登台”时，他的面前是“无边落木萧萧下，不尽长江滚滚来”；当他想到“野哭千家闻战伐”时，他听到和看到的是“五更鼓角声悲壮，三峡星河影动摇”。这是诗人面前的风景，同时也是诗人的心境。又如“日月笼中鸟，乾坤水上萍”，“笼中鸟”和“水上萍”是在现实社会中所过的局促的生活，“日月”和“乾坤”是无边的宇宙，作者若是没有阔大的胸襟，“笼中鸟”和“日月”、“水上萍”和“乾坤”是不可能连缀在一起的。这绝不只是

“本是形容凄凉之意，乃翻作壮丽之语”（见吴景旭《历代诗话》卷四十一）的一种修辞学上的艺术手法。杜甫有了广阔的胸襟，才能用这样壮丽的景色来衬托他所写的时代的艰辛和个人的不幸。这是杜诗里的一个特点，所以他的诗尽管悲哀沉痛，可是读者在深受感动的同时，并不意气消沉，而反倒兴起昂扬振奋之感。

另一方面，杜甫对于自然界优美的景物也善于体贴入微，对它们怀有衷心的热爱。流露这类感情的诗多半是在他生活比较安定的时期写的，但是它们和一般消极的田园诗或山水诗不同，这里也体现出作者深刻的乐观主义精神。尤其是因为他一生中比较安定的时期非常短暂，而他竟能写出不少这样的诗篇，也就使人觉得更为可贵。《春夜喜雨》的“随风潜入夜，润物细无声”把春夜小雨写得多么细致入神，末两句的“晓看红湿处，花重锦官城”把诗人所感到的欢喜写得又多么具体而美丽。再看他重游新津县修觉寺时写的《后游》的前四句，“寺忆曾游处，桥怜再渡时；江山如有待，花柳更无私”，个人的心情和面前的景物到了互相融洽、两无间隔的境地。江山有待，花柳无私，是自然界的实际，更多的是诗人自己的胸怀。杜甫半生漂泊，虽然也常有日暮途远、人事萧条之感，但他也体会到“远水非无浪，他山自有春”这个自然界无往而不可爱的真理。至于“细雨鱼儿出，微风燕子斜”“鹅儿黄似酒，对酒爱新鹅”，则说明这位五十多岁久经患难的诗人，对于弱小的生物心里保持着多么深厚的爱怜。

杜甫在旧日的封建时代度过了他的悲剧的一生。无论在什么艰苦的情况下他都不曾被社会上的恶势力和自己的贫病所压倒，他也不曾采取任何一个方式逃避现实，这是由于他具有深刻的乐观精神。这种乐观精神是从他经历的国家的灾难、人民的疾苦和个人的悲剧里锻炼出来的，痛苦越深，爱国爱民的感情也就更为深切，写诗也更为努力。正是这个缘故，他才创作了许多传诵千古的好诗，影响无数后代的诗人，赢得广大人民的敬爱。

关于杜甫的这种坚强的乐观精神，说得很不全面，这只不过是一段读杜诗的随笔札记。

写于1962年春节

纪念伟大的诗人杜甫

（1962年4月17日在杜甫诞生1250周年纪念大会上的报告）

杜甫遗留给我们一千四百多首诗。这个数目不算不多，此外却还有许多诗是散失了。他生前既没有像白居易那样热心编订自己的诗集，死后他的诗也没有像王维的诗那样由皇帝诏令编进，他的诗集是到了北宋时才由杜诗的爱好者广事搜罗，精心审定，逐渐编辑起来的。杜甫在安史之乱以前就说过，他已经写了一千首左右的诗，可是在他的全集里，前期的诗只保存了一百多首。就是安史之乱以后的诗，也难免没有遗失。杜甫的诗集虽然有这无法弥补的缺陷，但我们如果按照编年的次序来读，却像是在读一部有组织的完整的作品。其中大部分是不同体裁的、独立的篇章，也有不少计划周密的组诗，而且每个阶段的诗有每个阶段的特点，可是总的看来，则从头到尾构成一个整体，有如一座璀璨壮丽、丰富多彩的大厦。

杜甫的诗一向被称为“诗史”。这部“诗史”生动而真实地反映了他那时代政治、经济、军事和社会生活的巨大变化，并对许多重要问题表达了作者的进步主张；它还有声有色地描绘了祖国壮丽的山河、新兴的城市，以及一些虫鸟花木的动态；在自然的图景和社会的变化中，它也叙述了作者不幸的遭遇和内心的矛盾，抒发了作者深厚的思想感情和迫切的愿望，所以它也是作者的忠实的自传。它和屈原的辞赋、司马迁的《史记》、施耐庵与曹雪芹的长篇小说一样，经纬纵横，包罗万象，给读者一个丰富而又完整的印象。

我们翻开杜甫诗集，一开始就会读到他早年写的《望岳》，“岱宗夫如何，齐鲁青未了”；再读到他晚年的诗，又有《登岳阳楼》里“吴楚东南坼，乾坤日夜浮”那样的名句。泰山卓立在齐鲁的平原，洞庭湖的东南划分了吴楚的疆界，一在全集的开端，一在全集接近结束的地方，中间有如长幅的画卷一般，展示出秦川的云树、陇右的关山、蜀地的峰峦和江水，杜甫都用他雄浑的诗笔一一加以描绘。在这壮丽的大自然中他也从不曾忽略动物界、植物界的优美景物。他的诗反映时代的重大事件和社会矛盾，从来没有间断过，从长安时期的《兵车行》直到在湖南写的《岁暮行》，有无数感人的诗篇，记载了国家的灾难和人民的痛苦。至于他个人的思想感情，从早年“致君尧舜上，再使风俗淳”（《奉赠韦左丞丈二十二韵》）的抱负到晚年“欲倾东海洗乾坤”（《追酬故高蜀州人日见寄》）的理想，从《自京赴奉先县咏怀》的“穷年忧黎元，叹息肠内热”到逝世前一年写的“落日心犹壮，秋风病欲苏”

（《江汉》），尽管是心情起伏，变化多端，但他忧国忧民的积极精神却是首尾一贯的。这一切使人感到，好像全集的结构诗人早已设计好了似的。这当然是不可能的。杜甫诗集之所以能显示出这样的完整性和一贯性，主要是由于杜甫爱国爱民的政治热情是始终不渝的，他忠于艺术的创作热情是一生不懈的。今天我们纪念这个伟大的诗人，试图对于他的政治热情和创作热情做一些叙述。

杜甫的时代是唐代封建社会发生急剧变化的时代。杜甫青年时，还经历了所谓的开元之治。但当时由于贵族官僚、地主豪商，以及寺院僧侣都广置庄园，兼并土地，使在一定程度上有利于农业发展的均田制遭到破坏，大量农民失却土地。以均田制为基础、对中央政权起巩固作用的府兵制也难以维持下去，随后各地节度使招募兵士，长期率领，地方势力逐渐强大。更加上以唐玄宗为首的统治集团日趋腐化，对内横征暴敛，对外连年进行掠夺性的战争，使得贫富悬殊越来越大，阶级矛盾越来越深，最后爆发了成为唐代由盛到衰的转折点的安史之乱，并且导致了邻近民族的不断入侵和此起彼伏的长期内乱。广大的人民在这时期担受着各种各样难以想象的苦难。杜甫个人的生活也同样发生显著的变化，他从一个官僚家庭的子弟转变为一个常常衣食无着、贫病交迫的“众人”[他自己常说“生涯似众人”（《上韦左相二十韵》）、“老逐众人行”（《悲秋》）]。由于个人的贫困，他逐渐接近贫困的人民，深切地体会到人民的哀乐和愿望，同时他念念不忘国家的危机和民族的命运，因此他写的诗便成为这个错综复杂、变化多端的时代的一面镜子。

这面镜子所映照的事物，不是浮光掠影，也不是些烦琐细节，而多半是转变过程中带有关键性的重要事件。当唐玄宗在天宝年间对外进行掠夺性的战争，连遭失败，人民负担着过度的赋税和徭役时，杜甫写出具有划时代意义的《兵车行》。这首诗虽然是从父母妻子送别行人写起，诗人主要的着眼点则在于“君不闻汉家山东二百州，千村万落生荆杞；纵有健妇把锄犁，禾生陇亩无东西”和“县官急索租，租税从何出”。他想到的是有关国计民生的农业生产和统治者对人民的剥削。当唐代的统治集团集中天下财富，骄奢淫逸的生活达到极点，安史之乱的爆发已迫在眉睫时，杜甫一再指出尖锐的社会矛盾。“朱门酒肉臭，路有冻死骨”是给这个日趋腐烂的社会敲起的紧急的警钟。安史之乱延续了七年多，杜甫的忧思焦虑完全贯注在平复叛乱和人民的痛苦生活上边，但他同时也高瞻远瞩，看到当时的当政者由于只顾燃眉而忽略了的两件大事：一件是借用外族兵力平定叛变会带来无穷的后患，一件是西方的防务空虚会引起西方民族的入侵。为这些隐忧他写了不少诗篇，事实上过了不久，杜甫所担心要发生的事都成为惨痛的现实。像杜甫这样具有政治敏感，既能博览全局，又能洞察隐微，不只是在他同时代的诗人中很少有人能和他相比，就是过去历代伟大的诗人中也是不多见的。至于陈述人民的痛苦，讽喻皇帝的昏庸荒淫，揭发地方官吏的残暴跋扈，杜甫无论在什么时候，都看作是诗人在他的时代里应尽的职责。他运用不同的诗体，有时直陈其事，有时通过比喻和寓言，写得委曲婉转，有时也把深刻的体验和认识概括为简练的诗句，像“无贵贱不悲，无富贫亦足”（《写怀》）、“盗贼本王臣”（《有感五首》之三）、“丧乱死多门”（《白马》）等句包含多么丰富的内容！此外还有个别篇章以高度的艺术手法，简要而明确地叙述了几十年的巨大变化（如《忆昔二首》），直到现在，还常被历史家所征引。

杜甫的诗反映现实，能够这样深刻，主要是因为他观察事物，一切都是从国家和人民的利益出发。这一点最突出地表现在他对待战争的态度上边。杜甫写过许多关于战争的诗，但是战争的性质不同，杜甫对待的态度也不一样。在那时，有皇帝穷兵黩武、边将贪功图利、对其他民族的掠夺性的战争，有国家危在旦夕、镇压叛乱的战争，有抵御外族蚕食边疆、入侵内地的战争，有各地将领拥兵自重、互相残杀的内乱，还有小规模的农民起义。这种“万国皆戎马”的局面，不知引起诗人多少次的“酣歌泪欲垂”（《云安九日郑十八携酒陪诸公宴》），直到他死亡前夕最后的一首长诗里还叹息着战血长流，军声不息。他深深认识到战争给人民带来的苦难是深重的，“丧乱死多门”是一句有力的概括。但是杜甫并不像过去一部分文学史家片面地所理解的，是一个无条件的非战论者，他对于不同性质的战争有不同的看法。有害于人民和国家的侵略战争，他是反对的；有关民族命运和国家生存的反侵略战争，在任何情况下他都是拥护的；各地军阀的内乱，他是深恶痛绝的；至于农民起义的意义，杜甫还认识不清，可是他已经看出“盗贼本王臣”的道理，这在当时可以算是最进步的观点了。

前边提到的《兵车行》是对于唐玄宗君臣不顾农业生产，不管人民死活，一味在边疆发动战争的抗议。同时杜甫在《前出塞》里也提出诘问："君已富土境，开边一何多？""杀人亦有限，立（一作列）国自有疆。苟能制侵陵，岂在多杀伤？"他后来回忆当时征伐的情景，是"百万攻一城，献捷不云输。组练去如泥，尺土负百夫"（《遣怀》），一寸寸的土地都要用大量的生命和财富来换取。这种侵略战争所得的后果一方面是田园荒芜，农业生产衰落；一方面是播下了民族间互相仇恨的种子。关于前者，《兵车行》里已经说得很沉痛，在另一首晚年的诗《又上后园山脚》里也指出来，"平原独憔悴，农力废耕桑。非关风露凋，曾是戍役伤"。关于后者，例如吐蕃和唐本来是甥舅一家、友好和睦的，但在天宝年间，玄宗任使哥舒翰对吐蕃大事杀伐，伤害了民族间的感情，等到唐朝的势力衰弱时，吐蕃便一再入侵。杜甫对于这种后果看得很清楚，他说："赞普多教使入秦，数通和好止烟尘；朝廷忽用哥舒将，杀伐虚悲公主亲。"

对于镇压安史之乱和抵御外侮的战争，杜甫则采取与之相反的肯定态度。他被困在沦陷的长安时，写出关心军事动态、充满爱国精神的《悲陈陶》《悲青坂》《塞芦子》等名篇。后来逃至凤翔，任左拾遗，写过许多送友人赴任的诗，在提到"去秋群胡反，不得无电扫"（《送长孙九侍御赴武威判官》），殷切地勉励友人"垂泪方投笔，伤时即据鞍"（《送杨六判官使西蕃》）的同时，也关心到西方边陲的危机，"东郊尚烽火，朝野色枯槁。西极柱亦倾，如何正穹昊？"（《送长孙九侍御赴武威判官》）在唐军反攻的期间，他写的《观安西兵过赴关中待命二首》《观兵》等诗都无异于鼓舞士气的雄壮的战歌。他心中燃起的对于叛逆和入侵的外族敌忾同仇的火焰始终没有停息过。代宗广德元年，杜甫流离川北，吐蕃攻陷松、维、保三州，他写出悲壮的《岁暮》：“岁暮远为客，边隅还用兵。烟尘犯雪岭，鼓角动江城。天地日流血，朝廷谁请缨？济时敢爱死，寂寞壮心惊。”这类诗在他的诗集里是数见不鲜的。

国家大难当前、危在旦夕时，杜甫认为，抵御敌人是人民应尽的职责，他一再写诗鼓励。他在洛阳路上，看见一些横暴的差吏把未成丁的男孩、孤苦的老人等都强征入伍。他面对这种不合理的现象，替这些人提出沉痛的控诉，对那些差吏给以严厉的谴责，但是一想到目前壮丁缺乏，而又大敌当前，便转变了口气，尽可能对这些被征调的人说几句鼓励的话。为了国家的利益，他只好劝他们暂时忍受个人的痛苦，还是抵御敌人要紧。这时他的心里充满了矛盾，使他写成了撼动千古人心的“三吏”“三别”。——同时他也没有忘记农业生产，但是他的想法和写《兵车行》的时候不同了，他在一首《喜晴》里说：“丈夫则带甲，妇女终在家；力难及黍稷，得种菜与麻。”这就是说，妇女在家，不惯于耕种黍稷，至于种菜种麻，还是可以胜任的，他再也不说“禾生陇亩无东西”了。

至于各地的军阀官僚，横征暴敛，互相砍杀，不把唐朝的中央政权看在眼里，这局面自从安史之乱以来，一天比一天严重。杜甫到了四川，四川是战乱频繁，到了湖南，湖南也发生骚乱。杜甫无论到哪里，所看到的都是“哀哀寡妇诛求尽”（《白帝》）、“无有一城无甲兵”（《蚕谷行》）。杜甫对那些争权夺利的“边头公卿”，口诛笔伐，写过许多长诗和短句。他为了国家和人民的利益，总希望他们能够稍微照顾点民间疾苦，对皇帝表示拥护。但是“重镇如割据，轻权绝纪纲”（《入衡州》），这时皇帝的“权”，在均田制遭到破坏、府兵制业已废弛的情况下，在内忧外患不断发生的情况下，在嬖佞当权、皇帝昏庸逸乐的情况下，是再也振作不起来，因此纪纲也就无法维持了。

杜甫在这混乱的封建社会里，“兵革自久远，兴衰看帝王”（《入衡州》），总是把改善的希望寄托在皇帝身上。他对于不自振奋的皇帝，时而规劝，时而讽喻，有时也进行大胆的揭发，幻想皇帝能行俭德，有一番作为，不是迫切地喊出“谁能叩君门，下令减征赋”（《宿花石戍》），就是谆谆地论述“由来强干地，未有不臣朝”（《有感五首》之四）。尽管他在诗里苦口婆心，反复陈词，这些话是不可能听到皇帝的耳里去的。他时常梦想“贞观之治”的再现，但是造成“贞观之治”的客观的和主观的条件都已不存在了。这是封建社会一个出身于统治阶级而又爱祖国、爱人民的诗人在所谓君昏世乱的时代里常常遇到的悲剧，到了皇帝或国王这一关，矛盾就无法解决了。这是屈原经历过的悲剧，也是杜甫的悲剧。

杜甫在这样的悲剧中，虽然也间或流露出消极的、感伤的情绪，但主要的是始终保持着旺盛的政治热情。“尚思未朽骨，复睹耕桑民”（《别蔡十四著作》），他从来没有放弃过宇宙澄清的希望。他不曾像白居易那样，在写了大量能代民立言的讽喻诗以后（这些诗我们要给以很高的评价），在晚年写了许多千篇一律乐天安命的闲适诗，并且用孟轲所说的“穷则独善其身，达则兼善天下”作为他政治热情减退、态度转为消极的根据。杜甫是达则兼善天下，穷却不肯独善其身。他在肃宗时充当过短时期的谏官左拾遗，这本来说不上什么“达”，他却不顾生死，充分执行了左拾遗的任务，因而引起皇帝的不满，他从此与长安永别，流离半生。对于朋友，他也经常勉励以国事为己任。严武入朝时，他向他说，“公若登台辅，临危莫爱身”（《奉送严公入朝十韵》）。他在长沙寄诗给道州刺史裴虬说，“致君尧舜付公等，早据要路思捐躯”（《暮秋枉裴道州手札率尔遣兴》）；在这同一首诗里，他说他自己是“齿落未是无心人，舌存耻作穷途哭”，这是多么坚强而卓绝的精神。

杜甫很早就把自己比作葵藿，他说，“葵藿倾太阳，物性固难夺”。这俨然是一句终身的誓词，他无论在什么时候、什么处境，都不能改变这个关心朝政的“倾太阳”的“物性”。他晚年在湖南，“右臂偏枯半耳聋”，感到“年年非故物，处处是穷途”（《地隅》），但他仍然是痛苦越深，毅力越强，“留滞才难尽，艰危气益增”（《泊岳阳城下》）。我们认识到这种坚忍不拔的积极精神，才能理解他的《茅屋为秋风所破歌》《凤凰台》《朱凤行》一系列的高歌，宁愿牺牲自己，使人民能够得到幸福；才能理解他“芟夷不可阙，疾恶信如仇”（《除草》）、“新松恨不高千尺，恶竹应须斩万竿”（《将赴成都草堂途中有作五首》之四）那类的诗句，爱憎鲜明，有充沛的战斗力量；才能理解他绝大部分的诗篇中个人的喜怒哀乐和国家与人民的命运是那样声息相通，血肉相连。

“留滞才难尽，艰危气益增”，这说明他的积极精神从不曾被艰危压倒，他的诗才也不曾因为生活上的阻碍而枯竭。他的政治热情和创作热情始终是兴旺的。他在另外两首不同的诗里也有过同样意义的诗句：在政治上他是“时危思报主，衰谢不能休”（《江上》）；在艺术上他是“他乡阅迟暮，不敢废诗篇”（《归》）。这两联诗互相呼应，有如两扇羽翼，负载着杜甫的诗凌空飞翔。杜诗的丰富的政治内容是依靠高度的艺术能力给表达出来的。

杜甫一生关心政治，也一生锻炼诗篇。他从七岁开口咏凤凰起始，直到在死亡的前夕，病卧舟中，还以极大的功力写出《风疾舟中伏枕书怀三十六韵》的排律，结束了他悲剧的一生为止，从未停止过歌唱。如前所述，他前期的诗，有十分之九是失散了，这是一个无法弥补的损失。当然，他前期诗的成就不会有后期的诗那样高，但是从“读书破万卷，下笔如有神”（《奉赠韦左丞丈二十二韵》）、“诗是吾家事”（《宗武生日》）、“法自儒家有，心从弱岁疲”（《偶题》）这些诗句看来，从他在《进雕赋表》里关于自己早期诗歌的介绍看来，我们可以知道，诗是从他的祖父杜审言以来的家庭的传统，他从“弱岁”起就不断地为诗而努力，而且也有了一定的成就。

他对于诗的努力，我们可以从两方面来谈，一方面是字斟句酌、“语不惊人死不休”（《江上值水如海势聊短述》）地对自己的严格要求，一方面是“不薄今人爱古人”“转益多师是汝师”（《戏为六绝句》）的向古人和今人虚心学习的态度。这两方面是他把诗作为武器所要下的基本功夫，至于诗的灵魂还是他那永不衰谢的政治热情。

在杜甫的诗集里我们可以读到一些诗句，论到他写诗的要求和经验。他的要求第一是“稳”，他说，“赋诗新句稳”（《长吟》），他夸奖一个朋友的诗是“毫发无遗憾”（《敬赠郑谏议十韵》），这种“稳”、这种“无遗憾”，是语言的准确，把情和景用极恰当的字句表达出来。第二，他进一步要求生动活泼，出语惊人，“为人性僻耽佳句，语不惊人死不休”。在一首诗里，使带有关键性的字句起画龙点睛的作用，给诗以更大的生命力，这也就是陆机《文赋》里所说的“立片言而居要，乃一篇之警策”。杜甫自己在给汉中王李瑀的诗里也提到，李瑀喜爱他的诗中的警策；他在《八哀诗》纪念张九龄的一首里说，张九龄的诗是“自成一家则，未阙只字警”。过去的诗话诗评关于杜甫在这方面的艰苦努力和卓越成就有过许多论述，杜诗中警策的字句是俯拾皆是、不胜枚举的。第三是要求合乎诗律，这主要是为了加强诗的音乐性和对仗的工整。他说，“晚节渐于诗律细”（《遣闷戏呈路十九曹长》），其实他不只是晚年才注意诗律，他在长安时就常常称赞朋友的诗是“诗律群公问”（《承沈八丈东美除膳部员外阻雨未遂驰贺奉寄此诗》），是“遣词必中律，利物常发硎”（《桥陵诗三十韵》），是“思飘云物外，律中鬼神惊”（《敬增郑谏议十韵》）。由此可以想见，当时钻研诗律，是一时风气，杜甫也很重视。尤其是最后的一联，使人感到诗律对于诗歌的能手并不起束缚作用，如果诗人有丰富的想象，又能驾驭诗律，则作品更能惊人。所以杜甫写出来那么多撼动读者心灵的五律、七律，以及一部分长篇的排律，这是他在中国诗歌史里的巨大的贡献之一。杜甫也不是死板地遵守诗律，他有时根据内容的需要创造性地冲破常格，例如他的一些拗体律诗，更能增强音节的顿挫，抒发他的深厚的感情。

杜甫为了达到这样严格的要求，他在创作上尽了极大的努力，“新诗改罢自长吟”（《解闷十二首》），是他写诗的必经过程。为了字斟句酌，出语惊人，他要不断修改（我们现在是看不到了，据说宋朝人还看见过他亲笔改过的诗稿）。改好以后，还要反复吟诵，也是为了字句的精确和音调的完美。在这上边他下了许多苦功夫，他一再地提到写诗的“苦用心”。杜甫在一些题画的诗里，常说“更觉良工心独苦”（《题李尊师松树障子歌》）、“意匠惨淡经营中”（《丹青引》），这虽然指的是作画，实际上也是他写诗的深刻的体会。

他在创作时，这样下苦功夫，另一方面，他又常常谈到写诗的迅速，他夸奖李白是“敏捷诗千首”（《不见》），他自己也说“下笔如有神”、“诗成觉有神”（《独酌成诗》）、“诗应有神助”（《游修觉寺》）。这些神来之笔，不是什么从天上掉下来的东西，是依靠充分的文学修养得来的。文学修养主要是依靠长期的生活经验和创作经验的积累。杜甫具有深厚的思想感情，一生忧国忧民，关心政治，身受颠沛流离之苦，生活的经验是很丰富的。至于创作经验，杜甫则在自己创作实践的同时，大量吸取了古人和今人的成就。过去人们说，文人相轻，杜甫就不是这样，他很善于重视别人的优点，虚心学习。他对于同时代的诗人，无论是和他熟悉的李白、高适、岑参，或是和他不甚熟悉的元结、王维、孟浩然，都给以很高的评价。他非常殷切地希望能和人论诗论文，听取别人的意见。他回忆过去和李邕、李白、高适、岑参、苏源明、孟云卿等人相与论文的情景，总是念念不忘，认为这是最大的快乐。当然，在他晚年，这些诗人大部分死去了，唐代的诗坛一时陷于消沉，他也发过“豪俊何人在，文章扫地无”（《哭台州郑司户苏少监》）的感慨。

对待古人和文学遗产，他在《戏为六绝句》和《偶题》的前半章里表示了他的公平态度。《偶题》一开始就说：“文章千古事，得失寸心知；作者皆殊列，名声岂浪垂。”这是说每个成名的作家都有独到之处，各具心得，我们要善于发现他们的优点，不能随便抹杀。所以他对于当时一些轻薄为文任意否定初唐四杰的人们，在《戏为六绝句》里给以谴责。他对于作家的评价是这样谨慎，对于每个时代的文学，他也认为各自有它的特点，后代继承前代的传统，又有所变化，翻出新样，哪怕是余波回响，也不无可取的地方。所以他说，“前辈飞腾入，余波绮丽为；后贤兼旧制，历代各清规”。例如南北朝文学，尤其是齐梁以后的文学，应该占什么样的地位，杜甫的心里有很明确的尺寸。他对于南北朝杰出的诗人如陶潜、鲍照、庾信，都推崇备至。就是次要的诗人，只要他们有一技之长或是独得之妙，他也虚心学习，“孰知二谢将能事，颇学阴何苦用心”（《解闷十二首》），因为从他们那里还是可以学到一些艺术技巧。但他也指出，不要做齐梁的后尘。还有汉以来的乐府民歌，更是他学习的对象，他许多具有代表性的七古、五古都是继承而且发扬了乐府诗的传统，并且“即事名篇”，为下一代以白居易为首的新乐府运动开辟了道路。但是杜甫这种广泛的虚心学习不是没有选择的，他取其精华，去其糟粕，善于“别裁伪体亲风雅”，才能“转益多师是汝师”。元稹评论杜甫艺术上的造诣“尽得古今之体势，而兼文人之所独专矣”，是为世人所公认的定论。

杜甫谦虚谨慎的学习和苦心孤诣的写作使他的诗歌获得巨大的成就，给我们留下来这部用血泪写成的、引起后代千万读者同情和敬仰的“诗史”。但是他的诗的成就，只靠着高度的艺术修养是不够的，主要还是决定于我们一再提到的爱祖国、爱人民的政治热情。就以“苦用心”而论，中唐晚唐有过不少的苦吟诗人，他们搜索枯肠，呕尽心血，有的传为诗坛佳话，但是结果写出来的诗却不都很成功。中唐诗人贾岛“二句三年得，一吟双泪流。知音如不赏，归卧故山秋”所指的那两句“独行潭底影，数息树边身”，我们现在读来，并不见得有什么特色。晚唐诗人卢延让“吟安一个字，拈断数茎须”的精神，值得人们学习，但是他本人留下来的十首诗和几联残缺的断句，也没有什么惊人之处。这是因为他们的诗缺乏丰富的思想内容。同样情形，写诗只靠从古人的书中取得出处和技巧，也是不够的，因为古人的书不能成为文学创作的泉源，真正取之不竭的泉源是现实生活。如宋代以后的一部分诗人，他们脱离现实生活，强调从书本中寻求诗料，在艺术上也可能有些贡献，而诗的成就究竟是很有限的。元好问所说的“传语闭门陈正字，可怜无补费精神”正是对这种写诗态度的批判。但是有了现实生活丰富的阅历，也不一定就能写出诗来。明朝末年，有一位热情的杜甫研究者，名叫王嗣奭，他对于杜诗做过不少精辟的分析和阐述，在论到“三吏”“三别”时，他说这样的诗，“非亲见不能作，他人虽亲见亦不能作。公以事至东都，目击成诗，若有神使之，遂下千秋之泪”。诚然，像杜甫诗里所反映的民间疾苦和国家灾难，在那大变乱的时代到处都可以看到，杜甫同时代的诗人除了元结等少数人外为什么竟视而不见，虽亲见也不能写成诗章呢？王嗣奭提出这个问题是很有意义的，可是他所说的“若有神使之”却是一个抽象的回答，使人不大容易理解。实际上这个“神”不是别的，就正是杜甫忧国忧民的政治热情，更加以他有高度的艺术修养。

杜甫的永不熄灭的政治热情的根源，许多杜甫研究者都认为是杜甫亲身遭受时代的剧变和个人的不幸，逐渐超越了他出身阶级的局限，越来越多地接近人民，体会到人民生活的甘苦，自己的思想、感情与愿望和人民的思想、感情与愿望趋于一致了。

杜甫诗歌内容的广博渊深和艺术形式的高度成就，不是这篇短短的报告所能深入探讨的；这里仅就杜甫的政治热情和创作热情做一些粗略的叙述，希望在我们纪念他的时刻，能够从杜甫的文学遗产中得到一些可贵的借鉴和有力的鼓舞，以有利于建设我们前途光芒万丈的社会主义文学。

论杜诗和它的遭遇

杜甫的诗一向称为诗史。我们现在也常沿用这个名称标志杜诗的特点，它广泛而深刻地反映了唐代安史之乱前后的现实生活和时代面貌。但是这个名称应如何理解，它包含一些什么内容，被称为诗史的杜诗和杜甫以前的诗以及唐代的诗的关系是怎样，还是不够明确的。我想对于这些问题略加论述，并提出一点有关文学史的粗浅的意见。

把杜诗称为诗史，最早见于晚唐孟启（编者按：旧误作棨）的《本事诗》。《本事诗·高逸第三》在叙述李白的一段中，附带着提到杜甫，说“杜逢禄山之难，流离陇蜀，毕陈于诗，推见至隐，殆无遗事，故当时号为诗史”。从“当时号为诗史”这句话看来，诗史这个名称好像是在杜甫时代已经存在了——纵使不在杜甫时代，也应该在孟启以前。可是就我们能够看到的唐代的记载中，除了《本事诗》外，却没有其他的地方提到诗史。

普遍地用诗史标志杜诗的特点，始于宋代。五代时写成的《旧唐书》杜甫本传没有提到诗史；《新唐书》则说杜诗“世号诗史”。宋代诗文以及诗话中，凡是有关杜甫的，诗史二字常常可以遇到。有的说，“先生以诗鸣于唐。凡出处去就，动息劳佚，悲欢忧乐，忠愤感激，好贤恶恶，一见于诗，读之可以知其世。学士大夫谓之诗史”（胡宗愈《成都新刻草堂先生诗碑序》）。有的说，“杜少陵子美诗多纪当时事，皆有据依，古号诗史”（陈岩肖《庚溪诗话》卷上）。

像“推见至隐，殆无遗事”、像“读之可以知其世”、像“纪当时事，皆有据依”，的确是杜诗的特点，也是杜甫成为我国一个伟大诗人的重要原因之一。杜甫在这方面给中国的诗歌开辟了一个广阔的新的领域，致使明代的唐诗研究者胡震亨说，“以时事入诗，自杜少陵始”（《唐音癸签》卷二十六）。以时事入诗，杜甫发挥了极大的独创性，道前人所未道，这是杜甫对于中国诗歌的丰功伟绩，但是说自他起始，却不符合我国诗歌传统的实际。清代洪亮吉有过这样一段话：

……凡作一事，古人皆务实，今人皆务名。即如绘画家，唐以前无不绘故事，所以著劝惩而昭美恶，意至善也。自董、巨、荆、关出而始以山水为工矣。降至倪、黄，而并以笔墨超脱，摆脱畦径为工矣。求其能绘故事者，十不得三四也；而人又皆鄙之，以为不能与工山水者并论。岂非久久而离其宗乎？即诗何独不然。魏晋以前，除友朋答赠山水眺游外，亦皆喜咏事实，如《古诗为焦仲卿妻作》，以迄诸葛亮《梁父吟》、曹植《三良》诗等是矣。至唐以后，而始有偶成漫兴之诗，连篇接牍有至累十累百不止者，此与绘事家之工山水者何异？纵极天下之工，能借之以垂劝戒否耶？是则观于诗画两门，而古今之升降可知矣。（《北江诗话》卷四）

这段话的结论有些偏激，可是论者从绘画与诗歌的发展中指出古人多描绘或歌咏事实，并互相做了比较，是很有见地的。

我们一向有一个因袭的看法，由于我国汉民族在古代没有产生过像印度和古希腊那样长篇的英雄神话史诗，便说中国的诗歌长于抒情，短于叙事。诚然，中国的抒情诗在世界文学中占有很重要的地位，比较完整的叙事诗发展也较晚，《诗经》只有个别的篇章是叙事的，《楚辞》里有丰富的神话传说，主要还是抒情的，但是从汉乐府诗到蔡琰的《悲愤诗》《古诗为焦仲卿妻作》《木兰诗》等却是有不少叙事的杰作。并且有一个特点值得我们注意，我国古代的诗歌，纵使是抒情诗也是和社会生活与时代的变化有密切的联系，其中还间或掺杂着叙事，不像是古希腊的叙事诗和抒情诗那样，判然是两个领域。至于鸟兽草木等自然景象，在我们古代的诗歌里主要是起比兴作用，并不成为歌咏的对象。《诗经》《楚辞》中绝大部分的作品就是这样。像春秋时代献诗言志和赋诗言志的风气，季札使鲁观乐而知国政的记载，都可以说明《诗经》里大量的诗篇在当时所起的政治作用。所以孔丘用“诗可以兴、可以观、可以群、可以怨”（《论语·阳货》）把《诗经》的作用给了一个明确的概括。后来孟轲读诗，也是要“知其人”“论其世”（《孟子·万章》下）。“兴观群怨”和“知人论世”遂成为后代许多文学鉴赏者和文学批评者的准绳，这个准绳的建立是和《诗经》的特点分不开的。所谓古人“喜咏事实”，要从广义的意义来理解，大量联系现实起“兴观群怨”作用的抒情诗也应包括在内，前面洪亮吉所举的例子，还未免有些狭窄。这个诗歌密切联系现实的传统，直到建安时代，始终没有间断过。到了南北朝，才先后产生了一度风行一时的玄理诗和对于后世产生巨大影响的山水诗。

玄理诗，尤其是山水诗的产生标志着封建社会里士族文化的“成熟”（成熟再进一步便接近腐烂），它们的作者具有更多的文化修养和时间的余裕，把仿佛是深奥而实际是空虚的玄理和能使人超脱“尘俗”的自然景物作为他们吟咏的对象。从内容来看，这也是一片新的诗的国土，在艺术技巧上也有相当大的发展，但是这些诗的作者大都忽视现实，游心物外，引导着诗歌脱离联系实际生活的优良传统。若是拿“兴观群怨”和“知人论世”的准绳来要求，他们的作品就很难起这样的作用了。关于他们的功过，有待于文学史家进一步地分析研究。齐梁以后，除却少数的例外，诗风更为淫靡，“嘲风雪，弄花草”（白居易《与元九书》），忽视现实，追求形式，它的影响所及，到了唐代初期，也没有衰谢。所以盛唐时期诗歌的革新者如陈子昂、元结等都把这种诗风作为他们斗争的目标，为恢复和发扬中国诗歌从《诗经》以来的优良传统而努力。后来齐梁淫靡的诗风得到克服，可是南朝以来的山水诗却在唐代许多诗人的作品中得到进一步的发展。

回顾诗歌的历史，追溯《诗经》的传统，若是说“以时事入诗，自杜少陵始”，是不符合事实的。如果把目光局限在从晋宋到唐初的三百年内，这时期的诗歌除却陶潜、鲍照、庾信以及后来的陈子昂等人优秀的作品外，自然代替社会，形式胜过内容，已成为普遍的现象，而杜甫以其满腔热诚，大量地歌咏时事，从这方面看来，说是自他开始，也未为不可。

杜甫生在唐代封建社会发生巨大变化的时代。他青年时期经历的“开元之治”和他中年以后、也就是安史之乱爆发以后社会秩序的混乱相比，俨然是两个截然不同的世界。国家的危机和人民的痛苦通过种种难以想象的、耸人听闻的事实呈现在他的面前。他面对许多残酷的事实，既不惶惑，也不逃避，而给以严肃的正视。他既有热情的关怀，也能做冷静的观察，洞悉时代的症结和问题的核心的所在。例如统治阶级对人民无止境的剥削、户口的流亡和农业生产的衰落、中央势力的衰微和地方藩镇的跋扈，以及如何分别对待性质不同的战争，这些在那动乱时代里暴露出来的重大问题，都成为杜甫大部分的诗里的主要内容。他观察的范围之广、认识之深，并能以高度的艺术手法把他观察、认识的所得在诗歌里卓越地表达出来，大大超过了在他以前的任何一个诗人。所以我们说，杜甫是中国诗歌优良传统伟大的继承者和发扬者。也就是这个缘故，杜诗才获得了千百年来被人所公认的诗史的称号。

诗史不同于历史，不能理解为用诗体写成的历史。一部好的历史同样需要作者能够认识时代的症结和重大问题的核心，同样可以写得很生动。可是作为诗史的杜诗则在深刻反映现实的同时，还通过多种多样的风格和具有独创性的表达方法处处体现出作者本人的形象，很少只是客观地描述。浦起龙说得好，“少陵之诗，一人之性情，而三朝之事会寄焉者也”（《读杜心解·少陵编年诗目谱》附记）。诚然，杜甫诗反映了玄宗、肃宗、代宗三朝的事迹和人民的生活，同时也浸透了作者的思想感情，使人感到诗人的性情活跃在诗的字里行间。这正是杜甫的诗史与一般历史不同的地方，正如胡宗愈所说的，里边包含着诗人的“出处去就，动息劳佚，悲欢忧乐，忠愤感激，好贤恶恶”。

如前所述，抒情和时事与社会生活相结合，是我国诗歌从开始以来一直到建安时代的一个共同的特点。这个特点的发扬光大，杜甫做出了巨大的贡献。杜甫中年时期的两篇杰作《自京赴奉先县咏怀》和《北征》，里边有抒情，有叙事，有纪行，有说理，有对于自然的观察，有社会矛盾的揭露，有内心的冲突，有政治的抱负和主张，有个人的遭遇和家庭的不幸，有国家人民的灾难和对于将来的希望。这两首长诗里都交错着这些丰富的内容，心情起伏不定，语言纵横驰骋，说明作者在这变化多端的时代面对着社会和自然的种种现象都锐敏地发生强烈的感应。这样的诗是诗人生活和内心的自述，也是时代和社会的写真，个人的命运和国家与人民的命运紧密联系，二者在艺术上得到高度的融合。《同诸公登慈恩寺塔》《哀江头》等诗，虽然篇幅较短，也是同样具有这种特点。又如以第三者的身份写的《前出塞》和《后出塞》两组组诗，作者用精练有力的诗句曲折反复地表达出从军西北和东北的战士的心情变化，实际上也是诗人自己对于战争的意见和看法。其中有歌颂，也有谴责。诗中对于从军的苦乐、军旅的生活、战场上的壮烈场面，以及胜利而不居功的情操，进行了歌颂；对于皇帝的穷兵黩武、主将的骄横奢侈，则给以谴责。这两组诗都描绘了战士如何善于战斗、勇于牺牲，而且能夺取胜利；但是由于统治者利用士兵的勇敢进行不义的战争，使他们的战绩失却积极的意义。《后出塞》的五首写一个战士，在离别乡里时，是"斑白居上列，酒酣进庶羞；少年别有赠，含笑看吴钩"，在军营里看到的是"落日照大旗，马鸣风萧萧"，在战场上奋勇杀敌，是"拔剑击大荒，日收胡马群"，而所得的结果却只造成"主将位益崇，气骄凌上都。边人不敢议，议者死路衢"，而自己在从军二十年之后，只得"中夜间道归，故里但空村。恶名幸脱免，穷老无儿孙"。前三首雄壮的歌颂和后二首悲愤的谴责形成尖锐的对照。至于《前出塞》九首，则几乎每首都交错着从军的快乐和痛苦、歌颂和谴责。这里概括了在所谓盛唐时期皇帝好武、边将骄横的情况下无数英勇的士兵所遭逢的命运。唐代有许多关于战争的诗，或只是歌颂，或只是谴责和怨诉，像杜甫把战士的心情和命运写得这样真切感人，还是很少见的。

自从天宝晚期以后，杜甫十几年内写了大量的时事诗和政治诗，不管是陈述政见（如《洗兵马》、在梓州写的《有感》等），或是揭发统治者的荒淫和残暴（如《丽人行》、《忆昔二首》第一首、在云安写的《三绝句》等），或是比喻和寓意（如《凤凰台》《病橘》《枯棕》《客从》等），或是对于穷苦的人民的关怀和同情（如《茅屋为秋风所破歌》《又呈吴郎》等），也都是个人的情感和实事相结合的。还有不少长篇，有的记载国家十几年来的大事（如（夔府书怀》《往在》等），有的叙述地方变乱（如《草堂》《入衡州）等），有的回忆往事（如《壮游》《遣怀》等），更是像浦起龙所说的“慨世还是慨身”（《读杜心解·读杜提纲》）。

杜甫个人不幸的遭遇与种种感触和国家的危机与人民的痛苦永远是胶漆般地密切结合，难以分割，这就使他大部分的诗篇充溢着个人的和时代的血泪，产生巨大的感人力量。白居易的《秦中吟》和《新乐府》反映社会现实，指责社会中不合理的现象，同情人民疾苦，多是优秀的诗篇，在中国诗歌史上起着很大的进步作用，但大抵只限于客观的叙述，使人感到其中缺乏杜诗里那种深刻而炽烈的思想感情。这是现实主义的白居易和不能以现实主义来局限的杜甫的不同之点。杜甫的时事诗和政治诗大都含有强烈的抒情成分。

杜甫诗集里并不都是时事诗和政治诗，还有占有很大比重的写景兼抒情的诗。杜甫写过许多歌咏自然的名篇和名句，无论是山河、草木、虫鱼，他都能根据地点和时序的不同，观察它们在此地此时的形态，予以刻画，无一雷同。这些描绘自然的诗，也同样浸透了作者的思想感情，并且经常联系着时事。在这上边，是和南北朝以来一般的山水诗迥然不同的。历代的诗话、诗评对于杜诗里高度的“情景交融”做过许多精透的阐述。我们却认为，杜诗里不只有高度的情景交融，而且有情、景与时事的交融。作者在写景和抒情时，很少离开现实，随时随地都想到他所处的干戈扰攘、国困民疲的时代。王夫之在《姜斋诗话》卷二说：

> 无论诗歌与长行文字，俱以意为主。意犹帅也。无帅之兵，谓之乌合。李、杜所以称大家者，无意之诗，十不得一二也。烟云泉石、花鸟苔林、金铺锦帐，寓意则灵。若齐梁绮语，宋人抟合成句之出处（宋人论诗，字字求出处），役心向彼掇索，而不恤己情之所自发，此之谓小家数，总在圈缋中求活计也。

这里所说的“意”，对于杜甫来说，就是诗人深厚的思想感情，对于生活的执着和对于国家与人民的热爱。这种执着和热爱，作者在写诗时，无论歌咏的对象是什么，都迫切地要求表达出来。不像一些流连风景的诗人，掇拾描绘自然的诗句，而缺乏热情和中心思想，像是人们评论谢灵运的诗那样，常常是“有句无篇”。杜甫诗里的自然，都是他亲身所历、亲目所睹，同时又往往和他的思想感情与他所处的社会环境混为一体。杜甫困居沦陷的长安，是他生活里最痛苦的一段，这时他写出五言律诗《春望》，在这简短的四十个字里，时代的巨变、长安的春天、个人的处境都紧密交融，形成一个不可分割的整体。其中的“感时花溅泪，恨别鸟惊心”，每五个字都包括了这三个方面：“感”和“恨”是个人，“时”和“别”是人世，“花”和“鸟”是自然，“溅泪”和“惊心”则是这三方面共同的情况。杜甫入蜀时写的《剑门》，一开始就这样写：“惟天有设险，剑门天下壮；连山抱西南，石角皆北向。”这四句诗形容了剑门的地理形势，也指出它的政治意义，同时第三、第四两句还表达出诗人身去西蜀、心向长安的情怀。写法与之相反的，夔州时期的《上白帝城二首》之一则以这样的名句开端：“江城含变态，一上一回新；天欲今朝雨，山归万古春。”这诗句是多么深刻而又清新，诗人以极大的热爱歌颂了变幻多端而又万古长新的自然。在这境界里好像是可以忘怀一切了，但紧接着是感到“英雄余事业”，自己却“衰迈久风尘”，目前的实际是“兵戈犹拥蜀，赋敛强输秦”，想到这里，就用“不是烦形胜，深愁畏损神”结束了这首诗。开端的四句和最后的两句相比，这中间含蓄着诗人无限的郁结的心情。

杜甫许多著名的五言律诗和七言律诗都是把自然景象和个人遭遇与时代灾难紧密地融合在一起。自然的景象不同，有的是苍凉阴郁，有的是幽静或壮丽，因此它们和个人的心境与时代的气氛有时是一致的，有时是不一致的。如《秦州杂诗》里的“莽莽万重山，孤城山谷间。无风云出塞，不夜月临关。属国归何晚？楼兰斩未还。烟尘独长望，衰飒正摧颜”。这里边塞的风光和边疆的紧张以及个人的处境是一致的。又如《倦夜》和《登岳阳楼》二诗，一首是幽静，一首是壮丽。幽静的倦夜是“竹凉侵卧内，野月满庭隅。重露成涓滴，稀星乍有无。暗飞萤自照，水宿鸟相呼”，壮丽的岳阳楼上是“昔闻洞庭水，今上岳阳楼。吴楚东南坼，乾坤日夜浮”。在这两种不同的境界里，诗人所感到的都同样是个人不幸的遭遇和时代的灾难。前一首诗的结尾两句是“万事干戈里，空悲清夜徂”；后一首诗的后半是“亲朋无一字，老病有孤舟。戎马关山北，凭轩涕泗流”。这两首诗前边写的自然和后边写的个人和时代，显然是不一致的。可是这种不一致并不影响诗的完整性，反而可以说明诗人对于夜间的幽静能体会入微，对于浩荡的湖水也能开展阔大的心胸，只是自己的身世是悲苦的，时代是混乱的，同时又不能忘怀悲苦的身世和混乱的时代，美好的自然和不幸的人世互相对照，致使诗人最后写出“空悲清夜徂”和“凭轩涕泗流”，含有浓厚的悲剧情调。在杜甫写景兼抒情的诗中，这种情、景、事的密切融合，非常丰富，多种多样，而且越到晚年，这方面的艺术成就越大，像五言律诗《客亭》《江上》《江汉》，七言律诗《登楼》《宿府》《阁夜》《秋兴八首》等脍炙人口的名篇都是显著的例证。

总的说来，杜甫的诗广泛而深刻地反映了当时的政治军事和社会现实，但是像汉乐府、《古诗为焦仲卿妻作》、《木兰诗》，以及白居易的《新乐府》那样纯然叙事的诗并不多。他的诗，尤其是长篇的古体诗，“多纪当时事”，里边却含有浓厚的抒情成分。同时他的写景兼抒情的诗（多半是近体诗）也经常联系时事。这两大类诗是他的诗集中最主要的部分，在数量上和质量上都占有很大的比重；也就是这些诗千古传诵，感动无数后代的读者，使杜诗得到了诗史的称号，给杜甫在中国诗歌史上奠定了一个崇高的地位。

此外，杜甫写了一些歌咏绘画、音乐、建筑、舞蹈、用具以及生产劳动的诗，同样贯注了充沛的个人感情，并具有时代的气氛，也可以看作是有声有色的文化史。

杜集里还有一定数量的诗，与时事无关，个人的感情也显得较为淡薄。比较突出的是杜甫在成都草堂第一阶段写的一部分诗。他在长年的奔走流离之后，到了暂时保持小康局面的成都，建立草堂，开辟田亩，在比较闲静的生活中，对着花草树木和鸟兽虫鱼的姿态，感到无穷的热爱。他写道，“用拙存吾道，幽居近物情。桑麻深雨露，燕雀半生成。村鼓时时急，渔舟个个轻。杖藜从白首，心迹喜双清”（《屏迹》）。心迹双清，接近“物情”，他对万物进行了细腻的观察和深切的体会。像植物界的“圆荷浮小叶，细麦落轻花”（《为农》）、“杨柳枝枝弱，枇杷对对香”（《田舍》），动物界的“芹泥随燕嘴，花粉上蜂须”（《徐步》）、“细雨鱼儿出，微风燕子斜”（《水槛遣心》），这些诗句若没有细腻的观察是写不出来的。又如“江山如有待，花柳更无私”（《后游》）、“随风潜入夜，润物细无声”（《春夜喜雨》）是从深切的体会里得来的。这类的诗当然不能和前边论述的那些诗篇相比，但也代表了杜甫为人的另一方面。他不只有忧国忧民的深厚感情，也有对于微小生物的赤子般的爱好，他不只能“巨刃磨天”，刻画山河的奇险和时代的巨变，也能描绘燕嘴蜂须和春夜的细雨。它们衬托出杜甫的为人，同时也表达了杜诗风格的多样性：既有掣鲸鱼于碧海、璀璨瑰丽，甚至有时不易索解的诗篇，也有好像不费功力、信手拈来的清词丽句。世界上第一流的大诗人多能做到这个地步，屈原是这样，莎士比亚是这样，歌德也是这样。他们往往不是文体论里的一种风格、文学史上的一个主义所能范围得住的。这一类诗在杜甫风云多变、忧患重重的诗史里，有如暴风雨中暂时的晴霁，重峦叠嶂中的一缕清溪。

如上所述，我们可以说，杜甫的诗是真实地继承了并发扬光大了《诗经》、汉乐府的优良传统，同时也吸取了六朝以来山水诗的一些艺术成就。他的诗是经得起用“兴观群怨”和“知人论世”的准绳来衡量的。他使中国诗歌的这种特点在世界文学中放射出灿烂的光辉。

可是在他的时代，人们是怎样看待他的诗呢？

杜甫对于他以前的和他同时代的诗人，都热情地给以恰如其分的称赞和公正的评价，这些论断，就是我们现在看来，基本上还是适当的。但是当时人们对于杜甫，却十分冷淡，在他同时代比较著名的诗人中，无论是识与不识，竟没有一个人提到过他的诗。像杜甫写的这样杰出的诗篇，在当时受到如此冷淡的待遇，几乎是难以想象的。看来杜甫晚年在《南征》一诗里写的“百年歌自苦，未见有知音”，并不是徒然的。并且从《戏为六绝句》里还不难看出，诗中提到的一些任意嗤点、轻薄为文的“后生”说不定也正是杜甫的反对者。杜甫为庾信和初唐四杰辩护，也正是为了自己。后来韩愈所说的“不知群儿愚，那用故谤伤。蚍蜉撼大树，可笑不自量”，更足以证明有这样的事实。这些渺小的反对者早已“身与名俱灭”了，但他们还是代表了当时的一般风尚。

杜甫逝世后不久，润州刺史樊晃编《杜工部小集》六卷，在序里说，杜甫遗有文集六十卷，行于江汉之间；又说，“属时方用武，斯文将坠，故不为东人之所知。江左词人，所传诵者，皆公之戏题剧论耳。曾不知君有大雅之作，当今一人而已”。这篇序是很有意义的。它可以说明，杜甫死后，杜甫的文集只行于江汉之间，并不普遍，甚至江东一带还不甚知道他。杜诗之所以流行江汉，这当然与杜甫晚年漂泊荆湘有关。杜集里附录的郭受在杜甫逝世前一年寄给杜甫的诗里说，“新诗海内流传遍”（《杜员外兄垂示诗因作此寄上》），可能是有些夸张，他所说的海内不过是江汉之间而已。樊晃在润州编杜甫小集，只能搜集到二百九十篇，这不过是现存杜诗全部的五分之一。

到了元和年间，杜甫逝世四十年以后，才起始听到对于杜甫的尊崇和赞颂。元和八年（813）元稹为杜甫写了墓志铭，元和十年（815）白居易写了《与元九书》，元和十一年（816）韩愈写了《调张籍》。在这些诗文里我们起始听到杜甫与李白并称。元白由于他们的文学主张格外推崇杜甫，韩愈则更多地歌颂了李白。我们现在看来，白居易和韩愈是把唐代文学推向一个新的高潮的作家，他们都是杰出的文学革新者，白居易与元稹的新乐府运动和韩愈的古文运动在中国文学史上起过很大的进步作用，以他们的文学思想和创作主张，他们认识到杜甫的重要意义是不足为奇的，而且是必然的。可是我们从他们的一些著作看来，在当时他们还是比较孤立的，除去围绕在他们周围的少数友人外，他们的主张在社会上并没有得到多少支持，反而是常常受到攻击。所以他们对于杜甫的推崇不能说明杜甫的诗的价值已被当时一般的文艺界所公认了。

我们现在从几部能够看到的唐人编选的唐诗选可以看出，杜诗是遭受怎样的一种冷淡的待遇。芮挺章的《国秀集》（744）和殷璠的《河岳英灵集》（753）都完成在天宝时期、安史之乱以前，集里没有选入杜甫的诗，是可以理解的。元结的《箧中集》成于乾元三年（上元元年，760），这年杜甫初到成都。元结继承了陈子昂的主张，反对当时的诗歌“拘限声病，喜尚形似”，杜甫很重视他。但是他的《箧中集》范围很狭窄，人仅七人，诗只二十四首，诗体限于五言古诗，共同代表一种风格，不过是就“箧中所有，总编次之”。集里没有选杜甫的诗，也不足怪。令狐楚奉宪宗命纂进的《御览诗》，只选代宗、德宗和元和初期诗人的作品，胡震亨早已指出这部诗选是“取资宸瞩，非允艺裁”（《唐音癸签》卷三十一），里边没有杜甫的诗，是当然的，同时我们必须注意，其中也没有元稹、白居易、韩愈的名字。最使人一看感到惊奇的，是高仲武的《中兴间气集》，专门选从肃宗到代宗末年的诗，这时期的前半也正是杜甫创作最旺盛的阶段。选者对于过去的选本都深致不满，自己要力革前弊，“朝野通取，格律兼收”，从大量的诗人中，选出二十六人，但是并没有杜甫（其中选有杜诵的一首《哭长孙侍御》，也曾被编入杜甫诗集中，我们可以认为不是杜甫作的，因为这首诗又出现于韦庄《又玄集》，作者仍为杜诵）。我们初次展阅，会发生惊奇的疑问，但是仔细看一看这选本的编排和选者对于诗人们的评语，便可以得到解答了。选集分上下二卷，分别以钱起、郎士元开始。高仲武评论钱起是“文宗右丞（王维），许以高格；右丞没后，员外为雄”。对于郎士元则说，“右丞以往，与钱更长。……两君体调，大抵欲同，就中郎公稍更闲雅，近于康乐”。在被选诗人的评语中还摘举出选者认为优秀的诗句，这些诗句几乎都是描绘自然的。由此可见，选者认为足以代表诗的正统的，是王维一派的山水诗。选者以韵调为主，杜甫的诗在他看来便不能入选了。肃宗、代宗时代是十分动荡不安的，然而这部选本却是青山流水、暮霭空林，反映不出时代的面貌。集中虽然也出现与杜甫比较接近的苏涣和孟云卿的名字，但二人分别排列在上下两卷结尾或将近结尾的地方，也没有摘举出他们的诗句。此后姚合的《极玄集》同样是选大历前后的诗人，选诗的精神和高仲武一致，选录的诗人两个集子也不少相同，所不同的是《极玄集》以完全不属于这个时代的王维和王维的朋友祖咏开端，这更鲜明地表示了选者的态度，更足以说明选者对于王维的推崇。姚合说，被选的诗人都是“诗家射雕手”，但是一个这些诗人不能望其项背的最伟大的射雕手杜甫，他却是看不见的。并且《极玄集》一般还认为是一个好的选本，韦庄说它“传于当代，已尽精微”（《又玄集》序），到了南宋，姜夔还曾加以评点。我们可以想见，这一派诗的影响是相当广泛而久远的。

宣宗时任过校书郎的顾陶有《唐诗类选》二十卷，现已失传。从胡震亨的《唐音癸签》，我们知道，选诗一千二百三十二首，选录的诗人也相当全面，顾陶在序里说，“国朝以来，杜李挺生，莫得而间”（卷三十一）。《类选》里选了大量杜甫的诗，这说明杜甫的诗经过元稹、白居易、韩愈和稍晚的李商隐、杜牧等人的提倡和称颂，已被人承认，这时距杜甫逝世已有八九十年之久了。

顾陶选了些杜甫的什么诗，我们无从知道，宋人曾季貍《艇斋诗话》里有一条说："顾陶《唐诗类选》二十卷，其间载杜诗多与今本不同。顾陶，唐大中间人，去杜不远，所见本必稍真，今并录同异于后。"我们根据他的同异比较，可以知道顾陶所选的杜诗的一部分，约二十七首，其中除了《同诸公登慈恩寺塔》《梦李白》等二三首古体诗外，其余的都是近体诗，尤其以五言律诗为最多。这里边有不少好诗，可是却没有白居易在《与元九书》和元稹在《乐府古题序》里所称赞过的那些最重要的诗篇如"三吏"《塞芦子》《留花门》《赴奉先县咏怀》《悲陈陶》《哀江头》《兵车行》《丽人行》等。我们知道的只是顾陶杜诗选题的一部分，也不能说杜甫那些最重要的诗篇顾陶完全没有选，但是仅从这一部分看来，也可以明确顾陶选诗的倾向了。

晚唐韦庄《又玄集》（900）以杜甫开端，选的也只是五首五言律诗和两首七言律诗。《又玄集》并不是不选古体诗，但杜甫的最重要的长篇作品也是没有选。

上举选本，不是唐人选本的全部，但与《新唐书·艺文志》中的存目相比，它们是大多数，而且是主要的部分。如窦常《南薰集》已失传，据《唐音癸签》，它选有"韩翊至皎然三十人诗"，它的内容也就可以设想了。这些选本给我们说明一个事实，杜甫的诗在他生前和死后较长时期内，在唐代一般的文坛上是不被重视的，后来渐被重视，他那最富有人民性和独创性的诗篇还是被忽略的。这些诗篇，尽管有元稹、白居易等给以很高的评价，还是不能被人接受。当时的统治者和所谓士林是更欢迎流连风景、游心物外的诗歌，所以王维在他们中间便成为一代诗宗，因为王维既有高度的艺术造诣，又能超脱“世俗”，这正好适合他们的趣味，成为他们的典范。中唐诗歌，虽早已克服了齐梁以来的绮靡诗风，却仍然赓续着南北朝山水诗的传统，因此白居易现实主义的新乐府诗运动，是有特殊的积极意义的。可是白居易现实主义的精神并不是容易被当时所接受的。白居易的诗在当时也相当流行，白居易自己就知道得很清楚，“今仆之诗，人所爱者，悉不过杂律诗与《长恨歌》以下耳。时之所重，仆之所轻”（《与元九书》）。

杜甫的诗继承了《诗经》、汉乐府的优良传统，同时也吸取了南北朝一些诗人的艺术技巧，他最大的贡献则在于他以这优良传统为基础进行了大胆的革新。在思想内容上，他由于忧国忧民的热忱，言人之所不能言，道人之所不敢道。在艺术形式上，他融汇古今，摭取群书，采用口语，发挥极大的独创性。这两方面对于那些把王维奉为正宗、把钱起和郎士元作为诗界代表的人们，是不能容许的。我们现在可以说，若是没有李白、杜甫、白居易，唐诗这座大厦就会失却它主要的栋梁。可是在唐代，杜甫最富有进步意义的诗篇和白居易“惟歌生民病”的诗歌，却受到冷淡的待遇。至于晚唐《诗品》作者司空图诋毁元白是“都市豪估”，北宋西昆体诗人杨亿把杜甫称作“村夫子”，这都吐露出追求韵味和形式而脱离现实的诗人们对于杜甫和白居易的憎恨。

这是封建社会里文艺界常有的现象。因为文学批评一般掌握在封建统治者和为统治者服务的文人们的手里，他们对于大胆革新和进步主张往往感到憎恨和恐怖，他们因袭的观点也阻碍他们对新事物的认识。一个伟大的进步作家在他的时代常常受到难以想象的否定或冷淡。后来他的地位渐渐被人承认了，可是他最重要、最有代表性的作品还会被人忽视。明代杨慎有这样一段话很有代表意义：

> 宋人以杜子美能以韵语纪时事，谓之诗史。鄙哉宋人之见，不足以论诗也。……三百篇皆约情合性而归之道德也，然未尝有道德字也，未尝有道德性情句也。二南者，修身齐家其旨也，然其言琴瑟钟鼓、荇菜芣苢、夭桃秾李、雀角鼠牙，何尝有修身齐家字耶？皆意在言外，使人自悟。至于变风变雅，尤其含蓄，言之者无罪，闻之所足戒。如刺淫乱，则曰“雝雝鸣雁，旭日始旦”，不必曰“慎莫近前丞相嗔”也。悯流民，则曰“鸿雁于飞，哀鸣嗷嗷”，不必曰“千家今有百家存”也。伤暴敛，则曰“维南有箕，载翕其舌”，不必曰“哀哀寡妇诛求尽”也。叙饥荒，则曰“牂羊羵首，三星在罶”，不必曰“但有牙齿存，可堪皮骨干”也。杜诗之含蓄蕴藉者盖亦多矣，宋人不能学之。至于直陈时事，类于讪讦，乃其下乘末脚，而宋人拾以为己宝，又撰出“诗史”二字，以误后人……
> （《升庵诗话》卷十一）

很显然，这是一段毫不含混地维护封建统治的文学批评。其中还有不少事实的错误：第一，把杜诗称为诗史，并不始于宋人；第二，《诗经》里的诗并不像杨慎所说的那样“含蓄”，相反地有不少诗句是很露骨的批判和反抗；第三，宋代的文人并不都欣赏杨慎所列举的杜甫那一类的诗句，我们从宋代一般的诗话看来，他们常说这类诗句是“粗”，是“拙”，反倒是赞赏所谓“含蓄蕴藉”的居多，所以把这个“罪名”加在宋人身上，不是从事实出发的。只有一点逻辑上的推论是正确的，他反对杜甫的这类诗句，他反对在唐代元稹已经加以颂扬的“直陈时事”的创作态度，因此他反对把杜诗称作诗史。其实这类的诗句和这种创作态度，正是杜甫大胆革新、发扬中国诗歌优秀传统的一个方面，也正是我们所要肯定的。那么，根据这个逻辑的推论，我们对于诗史这个名称也是肯定的。

毛主席指示我们，“无产阶级对于过去时代的文学艺术作品，也必须首先检查它们对待人民的态度如何，在历史上有无进步意义，而分别采取不同态度”。我们现在有可能根据毛主席的指示，运用历史唯物主义的观点方法对于过去的作家进行正确的或比较正确的评价了。但是我们不要被一种假象所迷惑，以为一些经过长期历史考验、我们现在也给以肯定的作家在他的时代就已受人欢迎，甚至享受了“伟大的”或是“杰出的”称号。不是的，他们的作品在过去的封建社会往往有过一定时期的被忽视、被否定、被误解、被曲解，给它们以极不公平的待遇。但他们的作品只要不是失传了，总会有一天能获得胜利。因为在封建社会里，代表人民的、进步的力量总是存在的，它们有时隐，有时现，有时影响大，有时影响小，但它们是随着社会的发展在发展、在前进，它们促使人们逐渐认识这些作品的本来面貌。杜甫的诗就经历过这样的一个过程。我们若是在研究某些伟大作家和他们的作品的同时，能够把他们的作品在当时和在以后不同的时代里得到过什么样的待遇、什么样的评价，人们曾经怎样认识它们、理解它们，根据能够得到的资料，加以分析研究，我想，这对于了解过去文艺界的实际情况和斗争以及文学史的编写工作是会有一些帮助的。

写于1962年夏

附录二

白发生黑丝

大历四年的冬天，寒流侵袭潭州（长沙），大雪下得家家灶冷，户户衣单。杜甫以船为家，停泊在湘江岸旁，从秋到冬，已经四个多月了。左右邻船，都是捕鱼为业的人。渔夫们最初看杜甫是个外乡人，不知他是干什么的，对他怀有戒心。后来看这满头白发的老人，右臂偏枯，两眼昏花，带着一家人，生活和他们一样贫困，日子久了，就不把他当外人了。他们有时从鱼市上回来，提着半罐酒到杜甫的船上闲谈，杜甫有时也到他们的船上坐一坐。彼此熟了，大家无话不谈。谈来谈去，总要谈到渔税上边来。天寒水浅，大鱼都入了洞庭湖，渔网又常常冻得撒不开，可是官家的渔税总是有增无已。越逼近岁暮，鱼越少，税吏的面孔就变得更为狞恶。这真叫人活不下去。一个年老的渔夫愤慨地说："从我十几岁扯起渔网的那天起，渔税就压在我的身上，好像打鱼就是为了交渔税。打了一辈子的鱼，交了一辈子交不清的税。索性天下的水都干了，鱼都死光，打鱼的人都没有了，倒也痛快！”老渔夫抬起头来，望一望船篷外茫茫的大雪，接着说，“叫他们向这冰天雪地要渔税吧！”

听着这类的话，杜甫暗自思忖，十几年来，东奔西走，总看见农民身上背着一辈子交不清的赋税。男人死了或是逃亡了，女人还得交税；钱和粮都光了，差吏就把衣服和用具拿去抵偿；衣服和用具拿完了，还交不清税，只好卖儿鬻女，如今他五十八岁了，陆地上没有一块安足的地方，滞留在这条狭窄的江上，掺杂在过去很少接触到的渔民中间，想不到这里的人也被租税压得喘不过气来。他回想今年春天，初入潭州，停泊在花石戍，登岸散步，但见田园荒芜，柴扉空闭，农具仍在，农民却逃亡得无影无踪。这带地方并没有遭受过北方那样的兵燹，竟也这样万户萧条！这是沉重的赋税造成的后果。他心里纳闷，当今的皇帝怎么这样不察民情，于是脱口吟了两句诗，“谁能叩君门，下令减征赋”。现在看来，下令减税是不大可能的，湘江的水是不会干的，鱼也不会死光，但是渔民走投无路，把渔网抛在江里，像农民一样逃亡在外，另谋出路的日子恐怕也快到了。

渔夫们说完自己的苦楚，看见杜老（他们这样称呼他）的生活比他们更可怜。他虽然没有租税负担，却是老病缠身，衣食无着，杨氏夫人常常眉头双皱，凝视着滚滚不息的江水，愁着没有米下锅。十六岁的儿子宗武饿得满脸苍白，每天还要用很多的时间读什么《文选》。渔夫们私下里常常为杜甫的生活担忧，觉得这一家人漂流在外，无亲无友，总要有点打算才好。这天大雪不住地下，老渔夫倾吐了满腔的愤慨，看见杜甫穿着一身单薄的衣裳，到处是补丁，冻得直咳嗽，不禁转换了笑颜，把他暗自为杜甫盘算了许久的一个办法说了出来。他说：“杜老，请你不要见怪，你的生活也实在艰难。我有一个主意，不知你肯听不肯听？上月我患风湿病，骨节酸痛，四肢发麻，你给了我一包蜀地的苍耳，我熬水喝了几次，很见好转。还有你从北方带来的决明子，也治好过船上孩子们的眼病。杜老，你有这样的灵药，为什么不跟我们一起到鱼市上摆个药摊卖药呢？既可以医治病人，又可以买点米回来。”渔夫说完了，有点担心杜甫见怪，于是补充了一句，“不知杜老觉得怎样？”

杜甫认真地听完了这段话。在老渔夫为杜甫出主意的同时，杜甫的心里就在想，卖药，我是有经验的，在长安时，我在王公贵族的府邸里卖过药，在成都时，我在一些官吏中间卖过药，如今流落潭州，为什么不能把药卖给老百姓呢？他没有等渔夫补充的那句话说完，就把渔夫前边的话重复了一遍，“既可以医治病人，又可以买点米回来”。这表示他接受了渔夫的建议。

大雪过后，刮了两天刺骨的冷风，把阴云吹散，气候渐渐转暖。杨氏夫人从箱笼里找出来一包一包的草药。这些多年的草药，有的是从前自己培种的，有的是从山野里采撷的，其中还有少许在同谷县深山里挖掘的黄独。十几年的积累，经过自己的服用和分赠朋友与路人，剩下的也还不少。杨氏夫人把药分门别类，装在一个布袋里，交给杜甫，杜甫拿在手里，并不觉得怎么重。

在一个比较和暖的早晨，杜甫跟着左右邻近的渔夫到了离这里不很远的鱼市。

杜甫听从了老渔夫的劝告，众渔夫觉得像是听从了他们共同的劝告一般，都喜笑颜开。鱼篓里的鱼本来就不多，而且又都是小鱼，他们心里明白，反正卖不了多少钱，今天与其说是卖鱼，倒不如说是帮助杜甫卖药。大家希望杜甫卖药一开始就能得到成功。他们把鱼市上最优越的地位让给杜甫摆药摊，那是一座庙台，又干松，又引人注意，有主顾来买鱼，渔夫们并不夸奖自己的鱼是怎样新鲜，却都指着庙台上的药摊，说那些药如何珍贵，都来自产药闻名的地方，有长安的，有陇西的，有成都的，有夔州的，其中有些药在潭州花多少钱也买不到。没有多久，卖药的事就传遍了鱼市的周围。附近长期患风湿病的、打摆子的、闹眼病的……都争先恐后，到药摊前来买药。价廉物美，不到一上午，杜甫的药卖出不少。

市集过后，渔夫们围拢着杜甫，回到船上，把杜甫卖药成功看作是自己的胜利，大家有说有笑，从来没有这样高兴过。杜甫和他们的交谊也更深了一层。

此后每逢市集，只要天气不太坏，杜甫就跟着渔夫们到鱼市上摆药摊。买卖进行得很顺利。杨氏夫人也暂时展开了愁眉，不只有钱买米，而且还间或能给杜甫置办一点酒肉。宗武的面色好像也不那么苍白了。这中间，老渔夫却又有一点另外的担忧。他知道，杜甫的药是旧日的储存，没有新的来源。卖完了旧存，没有新货，固然严重，更严重的是杜甫身体衰弱，一旦旧病发作，这可怎么办。又看他整个上午坐在庙台上招呼买主，也太辛苦了。他于是嘱咐年轻的渔夫们，此后不要过分为杜甫的药吹嘘；每逢看到杜甫卖出一点药，够买几斤米时，就催促他早点收摊回家。

后来老渔夫想出来一个望长久远的办法。他取得杨氏夫人的同意，带着宗武到远方药市上置办一点新的药材，放在杜甫的药袋里，把杜甫经常服用有效的旧药取出，交给杨氏夫人好好保存。一遇到杜甫显出有些疲倦的样子，他就说："杜老，你在船上休息吧，叫宗武跟我们去摆药摊，这孩子也是懂得药性的。"老渔夫对杜甫的关怀，使杜甫深受感动，他又听从了老渔夫的话，此后就常常让宗武替他去卖药。

一天，宗武又和渔夫们一起到鱼市上去了。阳光照耀着水上的波纹，江上的船只轻轻地摇来摇去。杨氏夫人把船板刷洗得干干净净，杜甫一人靠着长年随身的乌皮几，心情平静，不由得想起许多问题。

他一生饱经忧患，用尽心血，写了两千多首诗，诗里描述了民间的痛苦、时代的艰虞和山川的秀丽，而莽莽乾坤，自己却漂泊无依有如水上的一片浮萍。自从中年以后，衣食成了问题，谁像这些渔夫那样关心过他？从前在长安时，是"残杯与冷炙，到处潜悲辛"，如今在达官贵人面前，仍旧是"苦摇求食尾，常曝报恩腮"，日暮途穷，真像是可怜的"穷辙鲋"和"丧家狗"。多少亲朋故旧，以及一些作诗的朋友，见面时输心道故，甚至慷慨悲歌，可是一分手就各自东西，谁也照顾不了谁。想不到几个萍水相逢的渔夫，对他却这样体贴照顾，无微不至，使他感到无限温暖。而自己过去对待穷苦的人是怎样呢？回想两年前在夔州，生活比较安定，家里有一棵枣树，任凭西邻一个无食无儿的妇人过来打枣儿食，不加防止，秋收时，地里多丢下一些谷穗，任凭村童拾取，也不干涉，自以为这就是很能体贴穷人了。此外写了些替穷人说话、为穷人着想的诗歌，但是比起渔夫们对他的热心关怀，还是差得很多。像在成都写的《茅屋为秋风所破歌》，也是出自一片至诚，但是对于无处栖身的“寒士”们到底能有什么真正的帮助呢？想来想去，总觉得自己爱人民的心远远赶不上渔夫们爱他的心那样朴素，真诚，而又实际。他看见农民和渔民被租税压得活不下去时，想的只是“谁能叩君门，下令减征赋”，可是渔夫们看见他活不下去时，却替他想出具体的办法。请皇帝减征赋，只是一个空的愿望，而渔夫替他想的办法，却立见功效。

他对于那两句自以为很得意的诗产生了疑问。

正在这时，宗武提着药袋回来了，后边跟着一个客人。

这客人大约四十多岁，中等身材，矫健精悍，目光炯炯。上了船，和杜甫寒暄了几句，听出来是山南巴州人的口音。他说他姓苏名涣，是潭州刺史崔瓘幕府里的从事。

苏涣这个名字，杜甫在阆州、梓州时，仿佛听人提到过。人们说他是一个精良的弩手，百发百中，在巴山道上常常抢劫显官富贾，绰号人称“弩跖”。州府里说他是个出没无常的强盗，田野间说他是个杀富济贫的侠士。不知怎么回事，不久又中了广德二年的进士，充任侍御史。后来，杜甫回到成都，转徙夔州，关于苏涣这个传说纷纭的人物，也就很少听人提到了。今天出乎意料，他出现在杜甫面前，杜甫感到无限惊奇。

苏涣却一见如故，无话不谈，没有丝毫避忌。这时江上风和日暖，好像大地将要回春，杨氏夫人烹茶煮酒，款待这稀有的客人。客人说，过去在巴州的故乡，就仰慕杜甫的大名，杜甫的诗却读得很少。最近在崔刺史幕府里的书案上读到几卷传抄的杜甫的诗，其中有《石壕吏》《茅屋为秋风所破歌》那样的名篇，有“斫却月中桂，清光应更多”“吾将罪真宰，意欲铲叠嶂”那样的警句，有“无贵贱不悲，无富贫亦足”“盗贼本王臣”那样的至理名言，真感到不同凡响，这是陶潜死后三百年来难于听到的声音。能够与这样的诗的作者生逢同时，是一件大快事。最近潭州居民都互相传告，鱼市上有位卖药的叫作杜甫，所以特来拜见。“你老人家可就是这些诗的作者？”说到这里，苏涣的语调转为低沉，杜甫的心里也勾起一缕凄凉的情绪。

他没有等杜甫回答，就接着说起他自己的过去：“你老人家在阆州时，也许听人说过巴州有我这样一个强盗。我们巴州一带的賨人[11]，从来就剽勇善战，又能勤劳生产，织出的布匹天下闻名。这些布匹虽不轻柔华丽，却是坚固耐久。刘邦和项羽争天下的时候，刘邦听取了阆中贲类范目的献计，征募賨人为他平定三秦。此后賨人的命运便算注定了，供历代帝王牛马一般地驱使。一有战事，就征调賨人为他们打仗；战事平定了，又向他们征敛大批的布匹。賨人的布匹永远织不完，自己的身上穿的却永远是破破烂烂。十几年来，外地的商人也看上賨布了，他们运来一点米、一点盐，用一本万利的盐米，向他们骗取大量的布匹。上元二年，梓州刺史段子璋

11　賨（cóng）人——古代四川北部一个少数民族的名称。

叛变，自称梁王，也到巴州来募兵。我亲眼看着賨人世世代代无法摆脱的负担和痛苦，我不能容忍了，我说，来个结束吧。我纠集了百十个健壮的青年，隐伏在巴山里，仰仗着我的弩弓，专门截杀吸血的商人和敲人骨髓的官吏。”说到这里，他脸上露出一点笑容，好像要缓和一下由他的谈话所引起的紧张气氛。他笑着向杜甫说：“你的《光禄坂行》里有两句诗，‘马惊不忧深谷坠，草动只怕长弓射’，请你放心，那时你若是从我们巴州的山下经过，我们的长弓是不会向你射击的，我们会对你表示热烈的欢迎。”

这句开玩笑似的话把杜甫也说笑了。初次见面，就这样没有分寸，话刚脱口，苏涣就自觉失言，可是杜甫并不介意。苏涣立刻接着说：“你在梓州、阆州时期的诗，还是‘盗贼本王臣’说得对。那些王公大人说起强盗来，像是说一种怪物，罪大恶极，个个该杀，其实强盗哪一个不是善良的老百姓？租税徭役，逼得人们无路可走，不起来当强盗又怎么办？不过你老人家还是太忠厚了一些，总希望皇帝略有醒悟，能减税减租，来解除他们的苦难，你看，这能办得到吗？皇帝和他的大臣们，若是不向老百姓索取租税，还不是比穷人更没有法子活下去？他们一不会耕田，二不会织布，三不会打鱼……不过我当时也把事情看得太简单了，以为自己有一片好心肠，有一套好武艺，只要振臂一呼，就可以解除大家的苦难。实际上，我们起事不久，就因为人力孤单，遭到了失败。”

他没有说他是怎样失败的，杜甫也不想追问。杜甫近来常常考虑，到底怎么样才能真正解除百姓的苦难，想来想去，总是想不通，现在听到苏涣这一番话，像是闻所未闻，却也含有一些新的道理。这道理仿佛是在八表同昏的宇宙中透露的一线微光，在处处穷途的旅人面前伸出来的一条小路。但他一时回答不出话来。

苏涣从怀里取出一个小手卷。他一边打开手卷，一边说，他本来不惯写诗，近些年来，有了不少感触，还是用诗写下来比较合适，因此写了许多首，可是不大讲究格律，现在吟诵几首，请杜甫指教。他用沉重的语调把下边这首诗读给杜甫听：

> 毒蜂成一窠，高挂恶木枝；行人百步外，目断魂亦飞。长安大道边，挟弹谁家儿。右手持金丸，引满无所疑。一中纷下来，势若风雨随；身如万箭攒，宛转迷所之。徒有疾恶心，奈何不知几。

杜甫一听这首诗，就知道是苏涣从个人失败中得到的教训。诗在艺术上，若拿杜甫平素对诗的要求来衡量，是相当粗糙的。但是它蕴藏着一种新的内容，表现了一种新的风格。杜甫把这首诗吟味了片刻，便兴奋地向他说："我一向称赞陈子昂的《感遇诗》、李白的《古风》，今天听到你读了这首诗，可以说是陈李以外，又树立了一个新的旗帜。'徒有疾恶心，奈何不知几'是你做了一番事业以后，得到的经验。我也一向疾恶如仇，可是从中取得这类经验的事业，不用说做，我连想都还很少想过呢。"

苏涣听了杜甫对他的赞许，十分高兴，听到最后一句杜甫自己的感慨，他只认为是杜甫的谦虚。他被赞许所鼓舞，接着又诵读了几首。诗的体裁是一致的，内容比前边的那首更丰富了，涉及日月的运行和宇宙的变化，世路的艰险和统治者的残暴，人民的痛苦和必然的反抗……读到最激昂的地方，诗里才思云涌，词句动人，每逢一首读完了，都像有些东西沉重地压在人的心上。小小的船篷里，任凭日影移动，“书箧几杖之外，殷殷留金石声”。

邻船上一片人声，渔夫们从鱼市上回来了。苏涣诵诗也戛然停止。他站起身来，和杜甫告辞，并约杜甫有工夫到他的茅斋里去谈。

杜甫吃过午饭，精神异常兴奋。午睡不成，只是反复吟味着苏涣读给他听的那些诗。诗的功夫并不深，但格调与众不同。李白早已死去了，高适也死了，岑参还在西蜀，却久不通音讯，也没有听说他有什么新作。大历改元以来，听人传述的一些所谓新派的诗人，不是用诗谄媚权贵，就是骗取女人，诗风堕落到这等地步，致使他今年春天在《南征》诗里写过这样的诗句，“百年歌自苦，未见有知音”，以表达他的寂寞心情。在难以盼望有什么知音的时刻，竟遇见了这样一个奇人。

苏涣所钦佩于杜甫的，是杜甫已经完成的惊人的成就；杜甫所倾倒于苏涣的，是苏涣诗里隐示着许多过去还没有人道过的新的内容。若是对苏涣的诗给以评价，可以说是突过了魏文帝黄初时代的诗人们。但是个别的地方，杜甫并不以为然。苏涣诵读过的诗中有这样四句：

一女不得织，万夫受其寒；一夫不得意，四海行路难。

杜甫还记得，贾谊在《论积贮疏》里引用过古人的话，“一夫不耕，或受之饥；一女不织，或受之寒”。赵晔的《吴越春秋》也有类似的句子。苏涣的诗显然是从汉代的这句谚语里脱化出来的。他把“一女不织，或受之寒”写成“一女不得织，万夫受其寒”，已经有些夸张了，不过去原意还不远；但是后两句为什么改写成“一夫不得意，四海行路难”呢？难道一夫不得意，真能使四海行路难吗？杜甫暗自考虑，这两句诗若是根据古人的原意，就应写作“一夫不得耕，万人难为餐”，若是保留苏涣的“四海行路难”，那么“一夫不得意”要改成“众人不得意”才好，“一夫”反正是不大妥当。

杜甫尽管不能同意苏涣诗中个别的诗句，但是苏涣这个人和他的诗的出现，在杜甫看来，确是一个奇迹。同时他又把邻船上渔夫们的生活、言语、思想、感情认真思索了一番，觉得自己一生漂泊，看见的事物不算不多，接触的人不算不广，但究竟世界上还是有许多人和事过去不只没有遇到过，而且也没有想到过。不料在这垂暮之年，眼前又涌现出一些新的事物。自己也觉得年轻了许多，好像白头发里又生出黑丝。过去怀念古人，常常有“怅望千秋一洒泪，萧条异代不同时”的感慨；如今设想将来，不知有多少美好的事物是看不到了。苏涣说，他能和杜甫生逢同时，是一件快事；杜甫今天能遇到苏涣，心里也同样高兴，真好像司马相如遇见了一百年后的扬雄。他情不自禁，提笔写出来这样的诗句：

庞公不浪出，苏氏今有之。再闻诵新作，突过黄初诗。乾坤几反复，扬马宜同时。今晨清镜中，白间生黑丝；余发喜却变，胜食斋房芝。

写到这里，江上已是黄昏，暮霭苍茫，两岸人家疏疏落落地升起几缕炊烟。一阵寒风乍起，江水拍击着船身。近些天，杜甫每逢听到夜半的风声便感到心神不宁，仿佛古代的神灵在湘江上出没。杜甫趁天色还没有完全黑，迅速把他那种感觉凝练成四句诗，写在纸上，作为这首诗的结束：

昨夜舟火灭，湘娥帘外悲，百灵未敢散，风破寒江迟。

杜甫和苏涣很快就成为亲密的朋友了。有时苏涣到杜甫的船上，有时杜甫到苏涣的茅斋。二人无话不谈，彼此也有了更深的了解。杜甫看苏涣有如蛰伏在沙水里的蛟龙，很惋惜这样的人才朝廷不能使用。杜甫常常流露出这种惋惜之情，苏涣却是另有一种看法。他说："我放弃了巴州的强盗生活，并且进士及第，人们说我折节读书，改邪归正，但是我并不指望朝廷看中了我。"他指着墙上的弓弩向杜甫笑着说，"我并没有抛弃这个东西。"

杜甫听他这样回答，很难推测他心里想的是什么，只觉得他坦率亲切，并不是什么危险人物。两人的政治态度有相当的距离，却不是没有渐渐接近趋于一致的可能。杜甫建议他修改"一夫不得意，四海行路难"那两句诗，他表示接受，说是考虑考虑再改。杜甫从他那里也得到不少启发。杜甫虽然没有放弃对皇帝的幻想，但是认为指责朝廷不合理的措施，爱护挣扎于生死之间的百姓，应该更为积极。他身体尽管衰弱，百病缠身，精神却更为健壮起来。他在一首寄给朋友的诗里写出“齿落未是无心人，舌存耻作穷途哭”这样坚强的诗句，用以表明自己的态度，还把这首诗读给苏涣听。

一天，天朗气清，杜甫望着岳麓山想到远方的南岳，无意中背诵起建安诗人刘桢的诗，“凤凰集南岳，徘徊孤竹根”，背诵到第四、第五句“岂不常勤苦，羞与黄雀群”时，心里起了一种难以调和的抵触情绪，再也背不下去了。他自言自语地说：“真正的凤凰绝不会羞与黄雀同群。”他立即把刘桢的诗意反转过来，写了一首《朱凤行》，诗的下半首是，“下愍百鸟在罗网，黄雀最小犹难逃；愿分竹实及蝼蚁，尽使鸱枭相怒号”。

从此杜甫终日生活在渔夫们中间，也经常和苏涣来往。过了元旦，又过了清明，新归来的燕子好像旧相识似的穿过船篷，两岸桃李盛开，杜甫两目昏花，也觉得花枝照眼，生趣盎然，白发里的黑丝仿佛又多了一些。在这美好的春光里，尽管鸱枭般的贪官污吏到处横行，混乱的局面还没有止境，他内心里却充满了力量和希望。

忽然在一个四月的夜里，潭州城内，火光四起，居民奔走相告，说湖南兵马使臧玠叛变了，刺史崔瓘已被杀死，士兵们正在大街小巷奸杀抢掠。这突然发生的事变，在湘江上的渔船中也引起一片骚乱。大家不知如何逃避时，苏涣在人群中出现了，他手里没有拿着别的东西，只有一只弓弩。

他跳到船上，向杜甫和渔夫们说：“大家不要慌乱，我陪送大家暂时躲避一下，有我这只弓弩，看哪个乱兵敢侵犯我们。”

这晚月光皎洁，杜甫的船和渔夫们的船结成一队，苏涣手持弓弩站在船头，逆着江水向南驶去。后来到了衡州，苏涣看见杜甫和渔夫们脱离了危险，和他们挥泪告别，独自往岭南去了。

杜甫虽然又经历了一次变乱，精神仍然是健壮的。但是这年冬天，忽然百病俱发，不久便病逝在湘江上的船中。苏涣到了岭南，东漂西泊，最后参加了循州刺史哥舒晃的起事，又遭受失败，被岭南节度使路嗣恭杀害。这时距杜甫逝世，已经过了五年了。

写于1962年春

附录三

我想怎样写一部传记

四五年来，因为爱读杜甫的诗，内心里常有一个迫切的愿望，想更进一步认识杜甫这个人。当然，从作品里认识作者，是最简捷的途径，用不着走什么迂途，并且除此以外似乎也没有其他的道路。但我们望深处一问：这诗人的人格是怎样养成的，他承受了什么传统，有过怎样的学习，在他生活里有过什么经验，致使他、而不是另一个人，写出这样的作品？这些，往往藏匿在作品的后面，形成一个秘密，有时透露出一道微光，有时使人难于寻找线索。这秘密像是自然的秘密一样，自然科学者怎样努力阐明自然，文学研究者就应该怎样努力于揭开这个帷幕。

把一个诗人的作品当作一个整个的有机体来研究，把诗人的生活作一个详细的叙述，一方面帮助人更深一层了解作品，另一方面——如果这研究者的心和笔都是同样精细而有力——使人纵使不读作品，面前也会呈现出一个诗人的图像。这工作，在欧洲18世纪时业已开端，19世纪后半叶已经发展，如今，用分析方法的也有，用综合方法的也有，只着重诗人内心变化的也有，认为客观环境是作品先决条件的也有，材料不辨真伪不加剪裁堆积得像一部长篇的也有，别具匠心写得像一部动人的文艺作品的也有，总之，这门工作的成绩已经蔚然可观，不只是第一流的诗人，就是第二流第三流的诗人也进入这些研究者的视界了。但是在中国，这部门的书架上几乎还是空空的。不知道中国人对于这类工作的需要是感到了而觉得无从着手呢，还是根本没有感到？中国人过去对于诗的研究，不外乎考据、注解、欣赏（这就是那一本又一本的诗话）三种。前二者，我们非常感谢，因为在考据与注解上边下功夫的人们都是辛苦的造桥者，尽量使读者和作品接近；至于那些一条一条的诗话，我就不敢恭维了，写诗话的人们对于任何一个诗人都不肯去了解他的全貌，只任意拿一首诗甚至一句诗来品评，来吟味，这对于一个普通的诗人或不无阐发，但对于一个有首有尾、有始有终、像长江大河似的杜甫写的那些诗篇则往往不免于以管窥天了。

我的愿望尽管很迫切，可是直到现在并没有一部杜甫传或杜甫研究来满足这个愿望。向外求之不得，只好反过来求诸自己了。我于是，大约在一年前，有了一个大胆的企图，想写一部“杜甫传”。

在我起始预备这个工作时，首先遇到的困难是史料的缺乏。研究一个诗人的人格的养成与演变，在他的作品以外，如果能有些信札日记一类的东西与同时代人关于他的记载流传下来，自然可以得到许多帮助。但关于杜甫的，除却几个同时代的友人的赠答诗外，这类的材料就几乎等于零。杜甫死后三四十年，元稹、韩愈渐渐认识杜甫的价值，可是他们的言论则只限于推崇与赞美，我们并不能由此多知道一些杜甫这个人。新旧唐书里虽列有本传，却都是粗枝大叶，处处显露出作史者的疏忽：旧唐书本传不及六百字，新唐书不及八百字，在这两篇短短的文字中，用杜诗可以证明是错误的地方，大小共有十几处之多，这使人觉得，作史者在写杜甫本传时，连可以得到的杜甫的诗都好像没有找来参考一下，这样的史家记载，叫人怎么能够相信呢？

我由于向外寻求的失败，最后只有对于这方面断念，完全回到杜诗本身，“以杜解杜”。但杜甫三十岁以前的少作，大都湮没了，我们既不能读到他“自七岁所缀诗笔……约千有余篇”的一大部分，自然也难于较为具体地追寻他吴越齐赵的游踪。可是如果我们甘心于他三十岁以前的生活是一块空白，我们又何必写他的传记呢？——一部传记最初要探讨的，不外乎我在上边所说的：这诗人承袭了什么？学习了什么？经验了什么？然后才能进一步研究作品的产生与作品中表现的一切。而这三个问题中的前两个几乎都要在他青少年时代里得到回答。我只有海里摸针似的尽量从他三十岁以后的诗与散文里寻找有关于前两个问题的材料去解答：他是从怎样一个家庭里生长的？他在思想方面与文艺方面接受了什么传统？所谓“读书破万卷”到底都是哪些书？他青年时的漫游对他有什么影响？……这中间我深深意识到我在冒着一个大危险，因为材料的贫乏，有时不能不运用我的想象，可是想象是最不可靠的东西，所以我骑在这匹想象的马上，又不能不随时都用“根据”的羁绊勒着它。

至于第三个问题，也可以说和第二个问题是分不开的，因为从书本上学习是间接的经验，从现实生活上经验是直接的学习。杜甫所经验的，比唐代任何一个诗人都丰富，并且都在他的诗里留下痕迹。为了解答这个问题，关于杜甫三十岁以后的，我们从他的诗里有取之不尽的丰富的材料。如果我们放开笔，可以以唐代的山川城市为背景，画出一幅广大而错综的社会图像，在这图画里杜甫是怎样承受了、担当了、克服了他的命运。

我由于对史料缺乏信任，就是关于杜甫时的社会情形，也尽量从杜甫的作品中摄取。若是遇有与史书不合的地方，我宁愿相信杜甫所记的是真实的。这中间可能发生“诗与真”的问题，因为诗人总不免有些地方会利用想象使事实改变面目。但这问题我认为是不能在杜甫传里发生的，如果发生了，就无异于否定杜甫所表现的世界。所以我只有处处以杜甫的作品为根据，一步步推求杜甫的生活与环境，随后再返过来用我所推求的结果去阐明他的作品。

最后，万一能够有一个杜甫的图像显露在我的面前，那么不管我怎样小心，我也不敢说，这是杜甫的本来面目，因为无论用什么方法，使过去的人与事再现一次都是不可能的；但我也要极力避免使杜甫现代化，因为用现代人的思想与情感去点染将及一千二百年前的一个古人，可以说是一种难以原恕的罪行，纵使我们眼前的社会与杜甫诗里所表现的还有许多类似的地方。我只希望这幅图像使人一望便知道是唐代的杜甫，可是被一个现代人用虔诚的心与虔诚的手给描画出来的。这道理，在艺术界里很明白显然，我们只要看一看米开朗琪罗的摩西雕像便可以了解，但是在传记文学里似乎还有饶舌一次的必要。

这本书将来会成为什么样子，我现在无从预测。但愿它能够是一部朴素而有生命的叙述，不要成为干枯的考据，虽然我在这里尽量采用了许多前人的精细而值得钦佩的考据成果；同时我也不愿意使它像法国莫路瓦（今译莫洛亚）所写的传记那样，几乎成为自由的创作。总之，若是没有杜甫的诗，这本书根本就不必写；可是这本书如果一旦写成了，我希望，纵使离开杜甫的诗，它也可以独立。

原载1945年昆明某报，后收入《冯至选集》，第2卷

图书在版编目（CIP）数据
杜甫传 / 冯至著. -- 成都 ：四川文艺出版社,
2025. 3. -- ISBN 978-7-5411-7138-3
Ⅰ. K825.6
中国国家版本馆 CIP 数据核字第 2025DZ9298 号

DUFU ZHUAN
杜甫传
冯至　著

出品人　冯　静
策划出品　好读文化
责任编辑　姚晓华

出版发行　四川文艺出版社（成都市锦江区三色路 238 号）
网　　址　www.scwys.com
电　　话　028-86361781（编辑部）

印　　刷　河北鹏润印刷有限公司
成品尺寸　145mm × 210mm　　开　　本　32 开
印　　张　7.25　　字　　数　150 千
版　　次　2025 年 3 月第一版　　印　　次　2025 年 3 月第一次印刷
书　　号　ISBN 978-7-5411-7138-3
定　　价　45.00 元